apprendre à dessiner

101 CHOSES SUPER MIGNONNES

Williams Press

CE LIVRE APPARTIENT À

101 CHOSES SUPER MIGNONNES

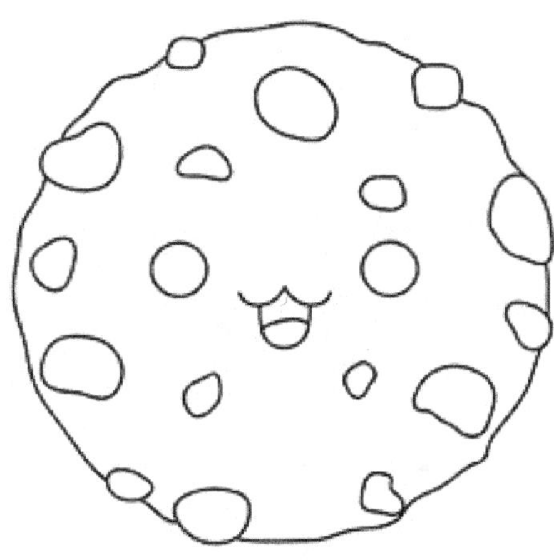 

Comment utiliser ce livre,Tout ce dont vous avez besoin pour commencer est un morceau de papier, un crayon et une gomme, mais n'hésitez pas à utiliser n'importe quel outil pour dessiner les personnages.

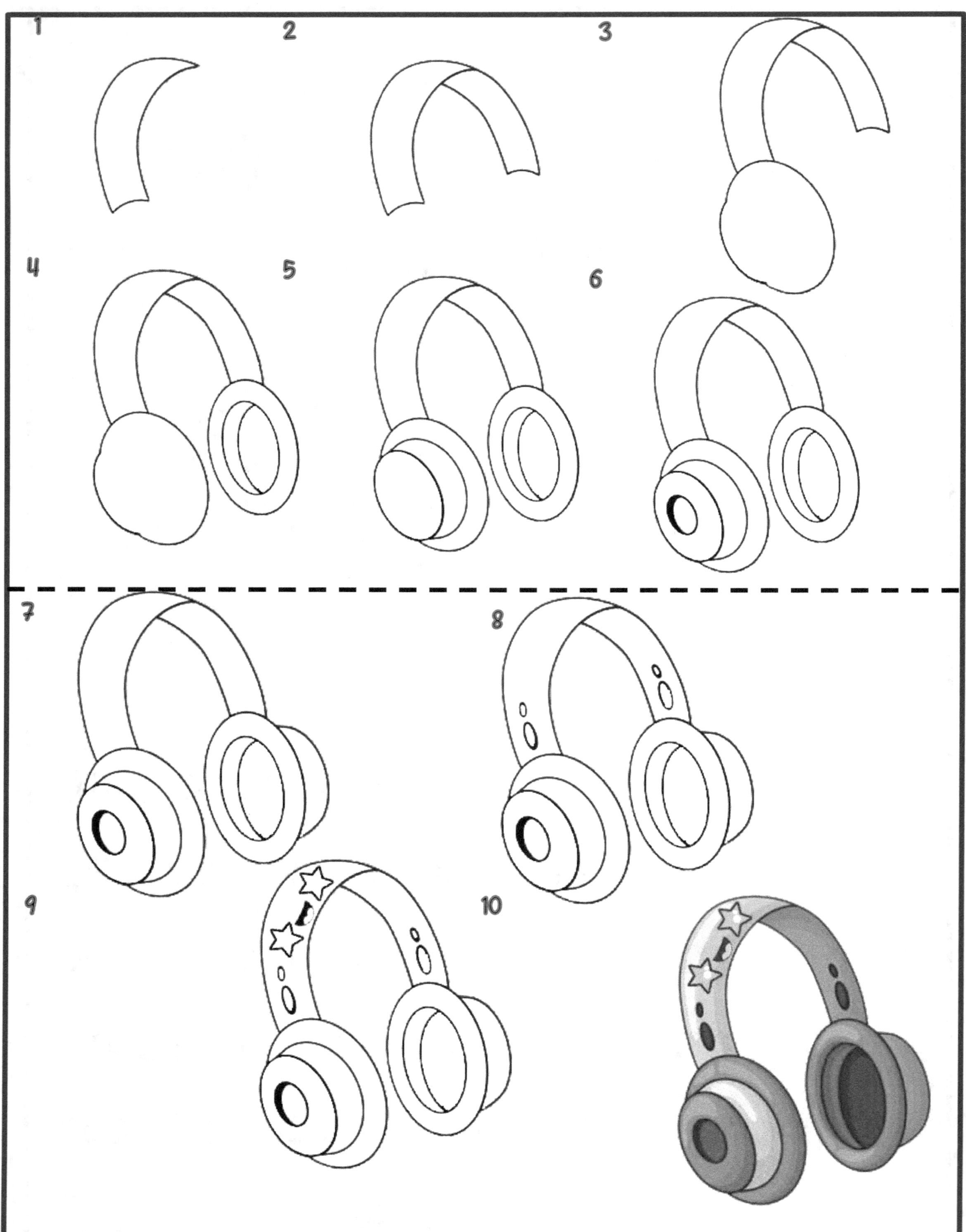

1
2
3
4
5
6
7
8
9
10

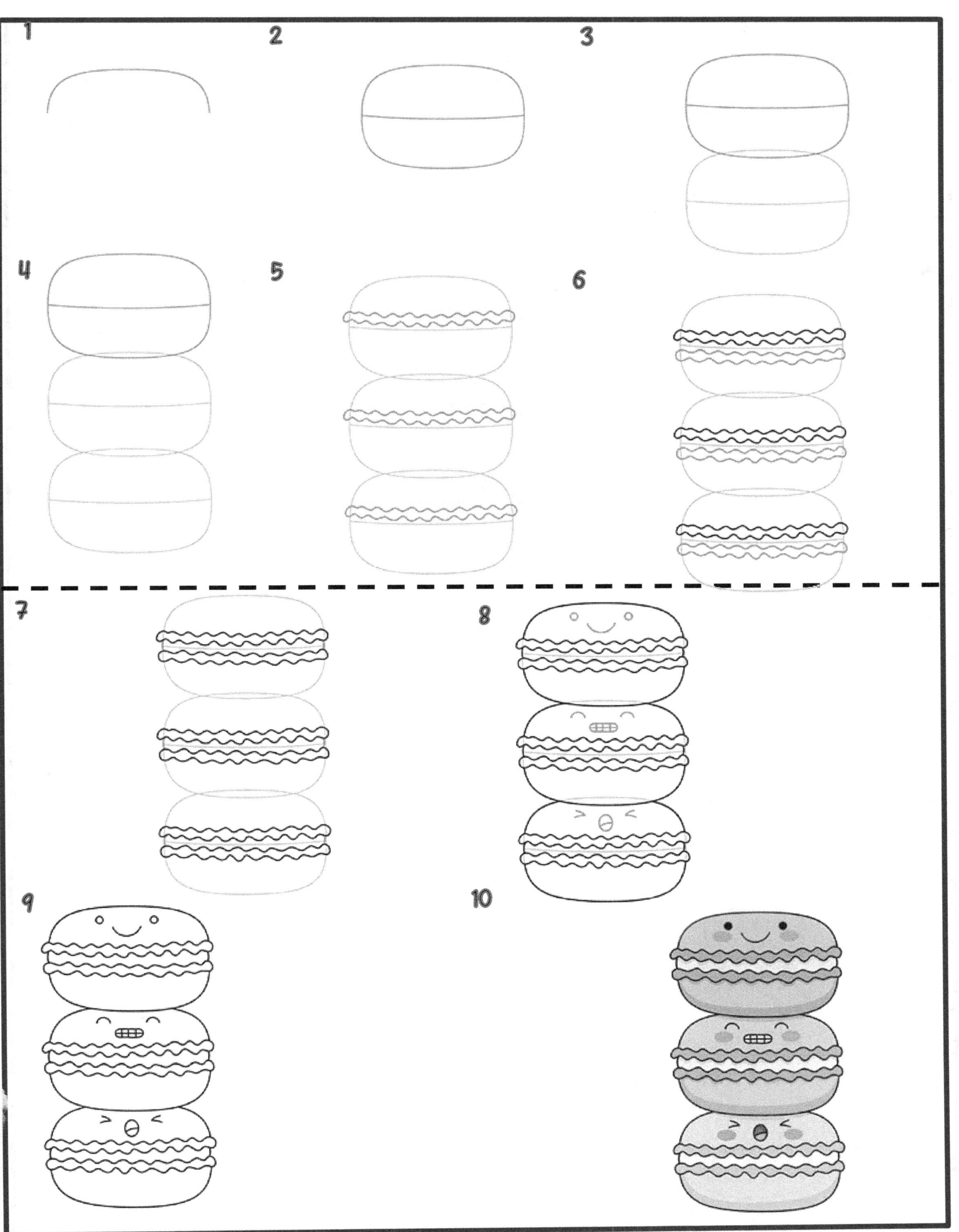

1
2
3
4
5
6
7
8
9
10

1
2
3
4
5
6
7
8
9
10

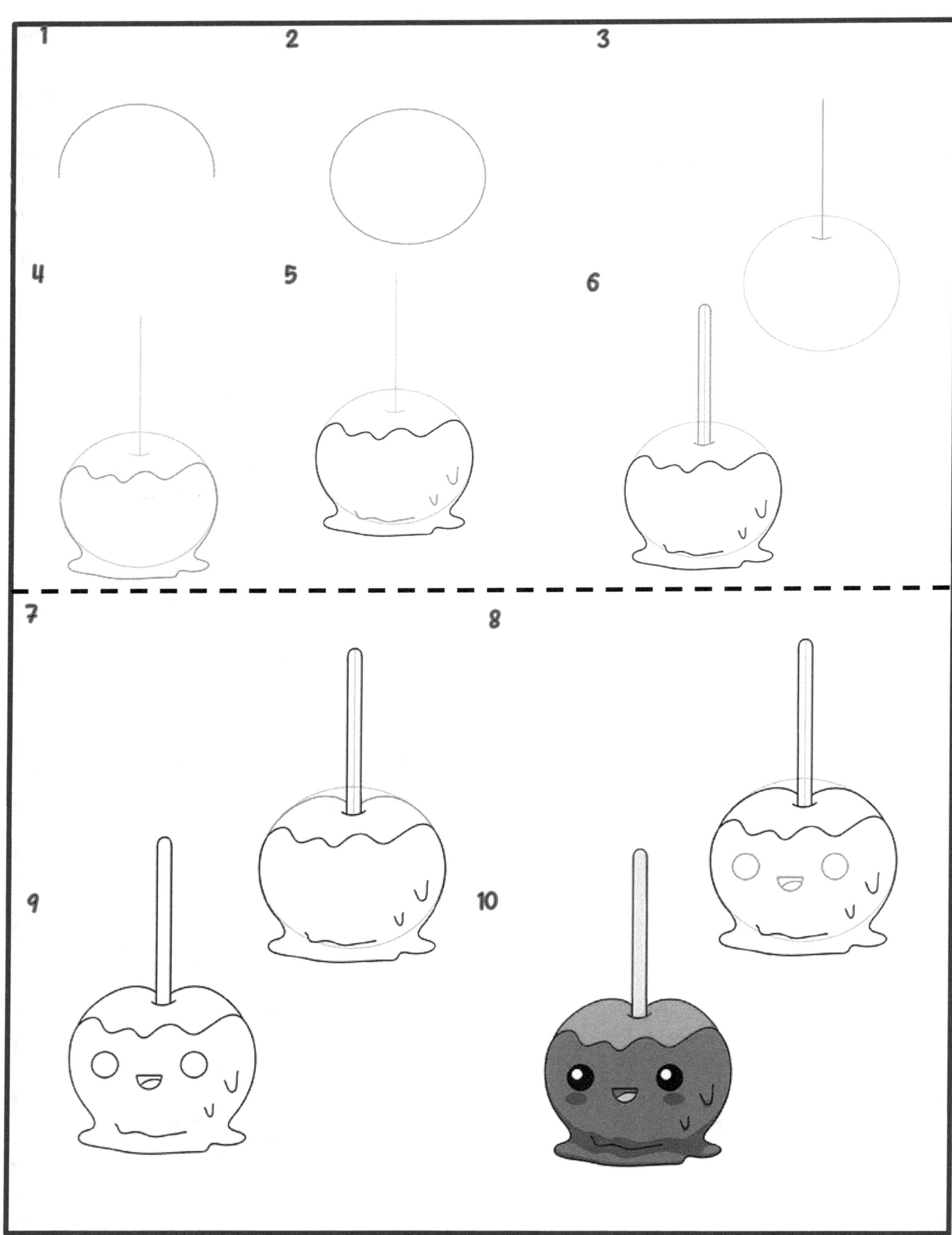

1
2
3
4
5
6
7
8
9
10

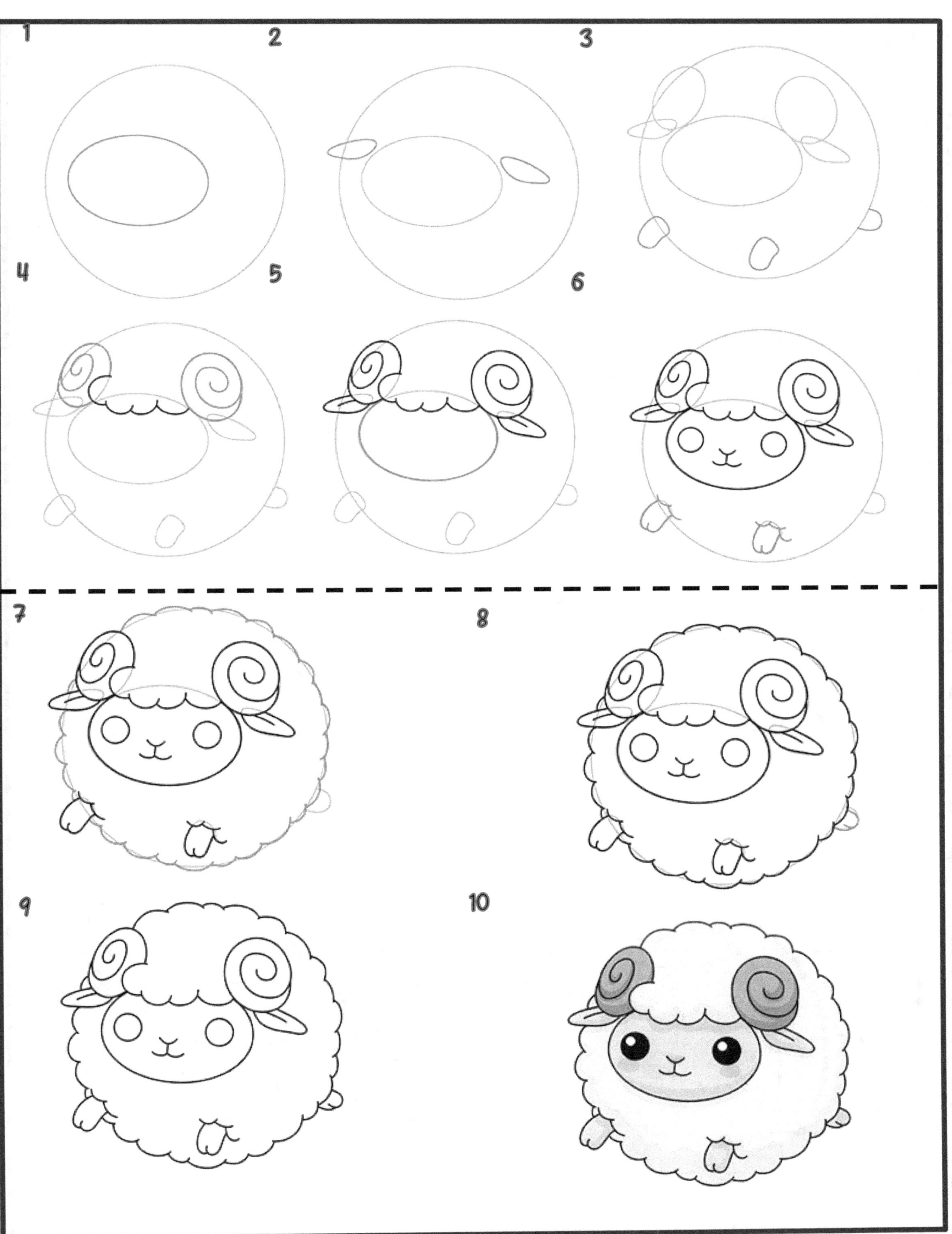

1
2
3
4
5
6
7
8
9
10

1
2
3
4
5
6
7
8

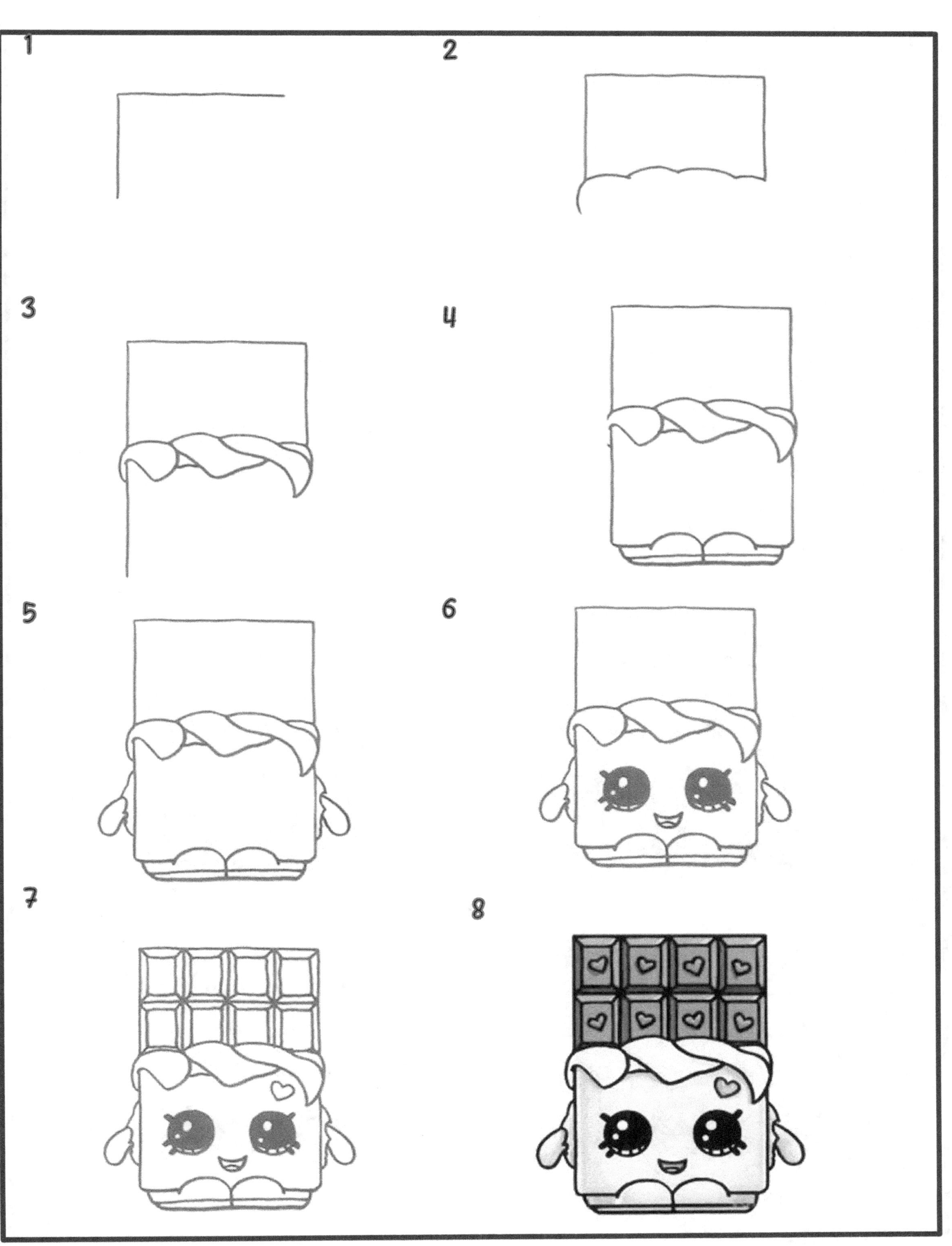

1
2
3
4
5
6
7
8

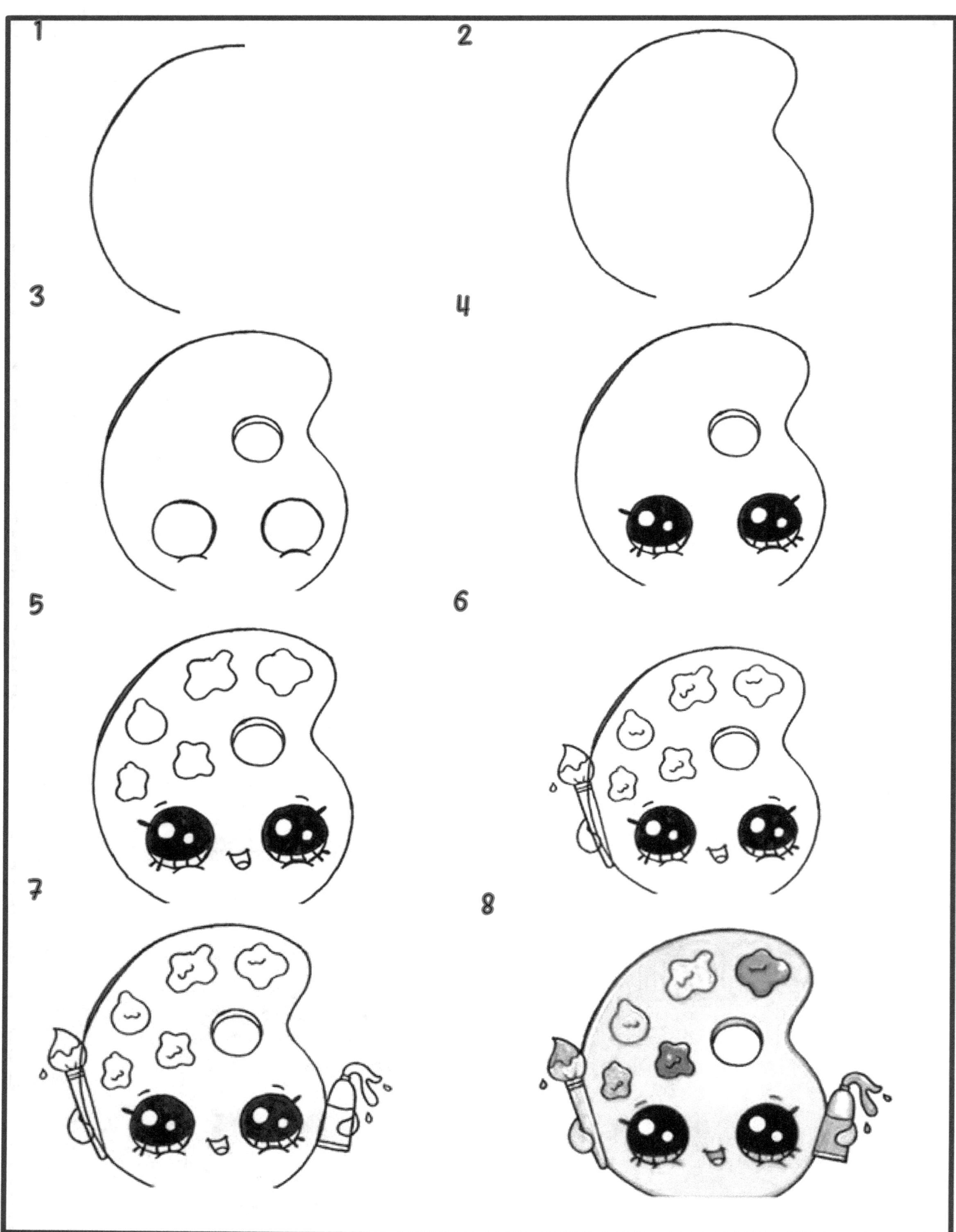

1
2
3
4
5
6
7
8

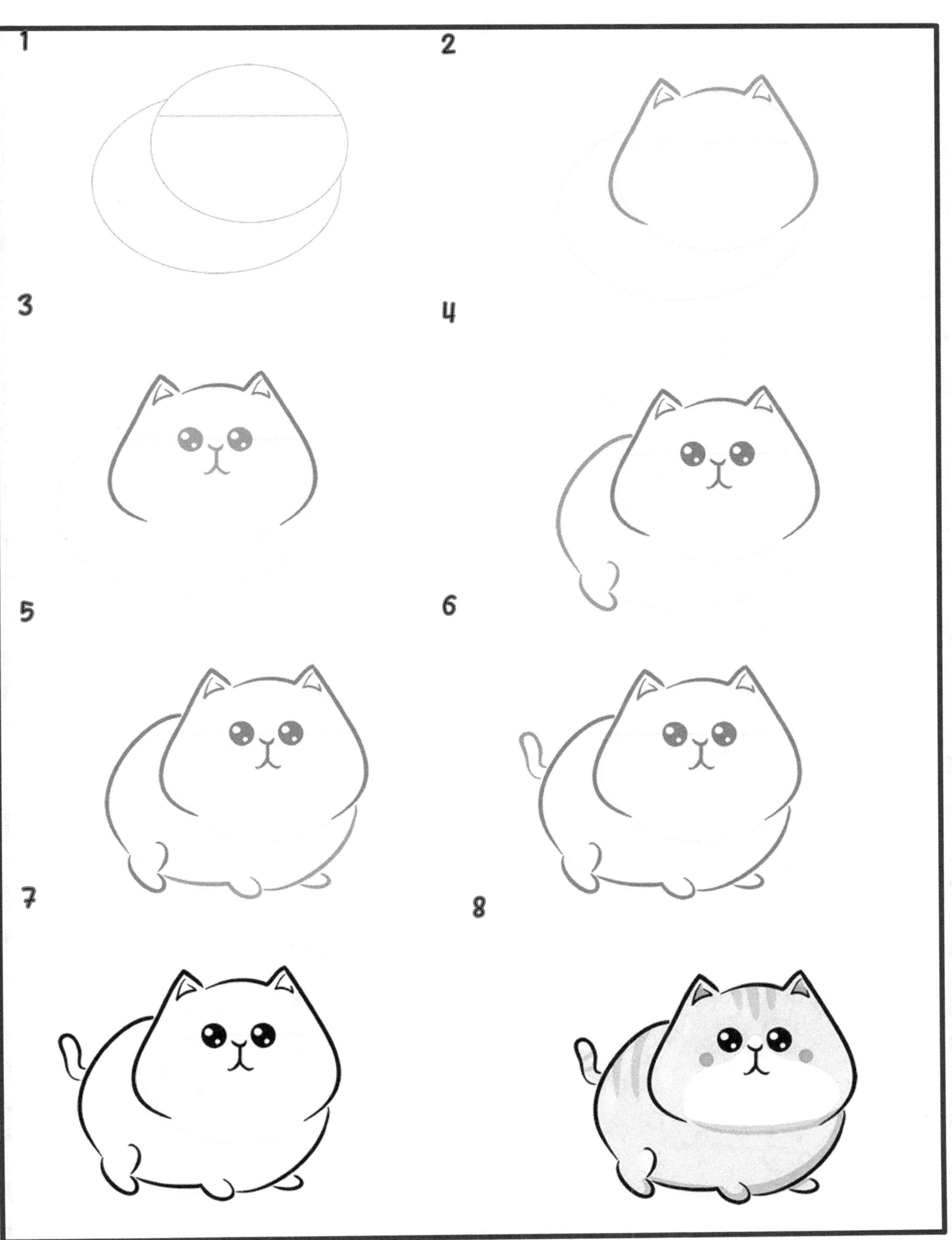

1
2
3
4
5
6
7
8

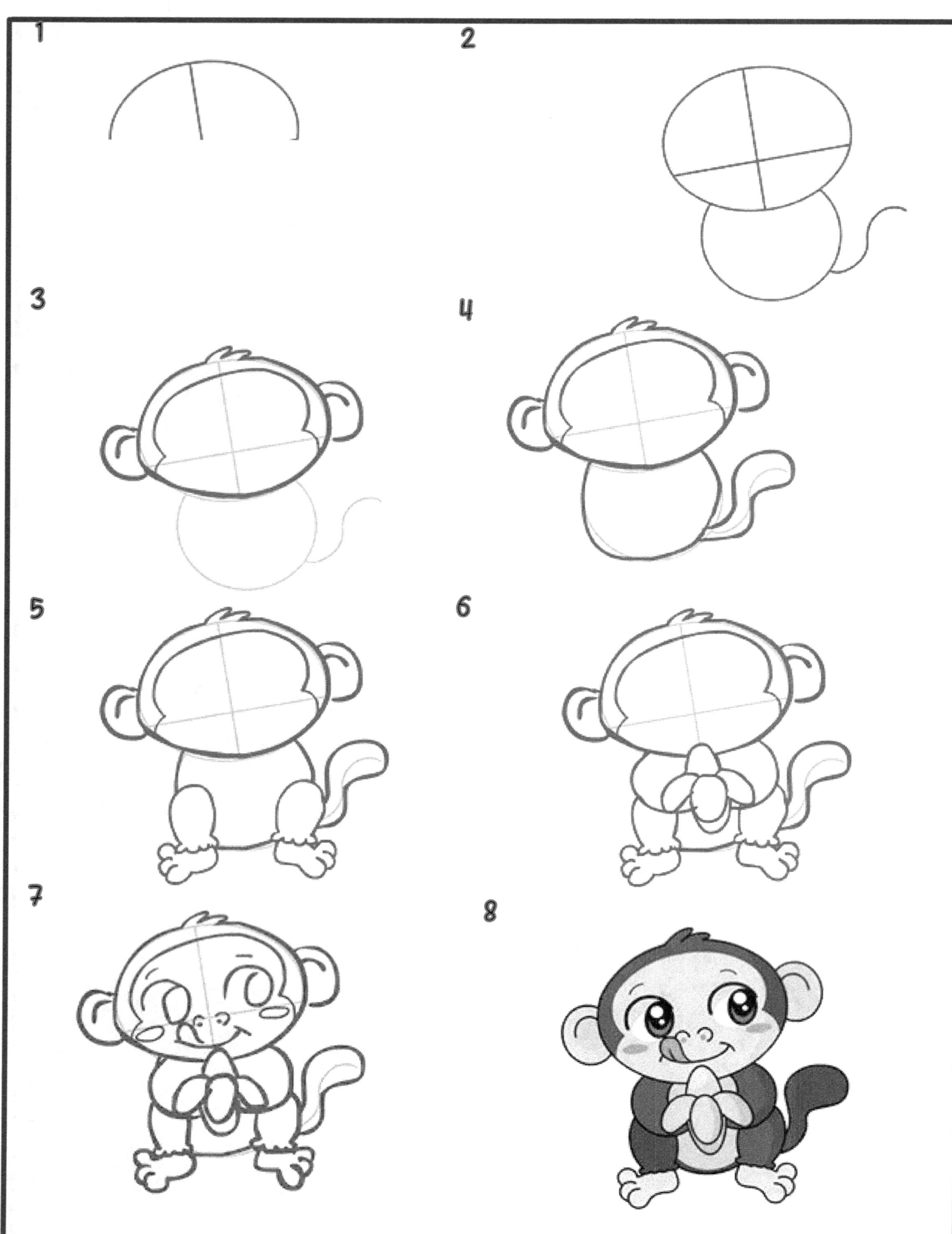

1
2
3
4
5
6
7
8

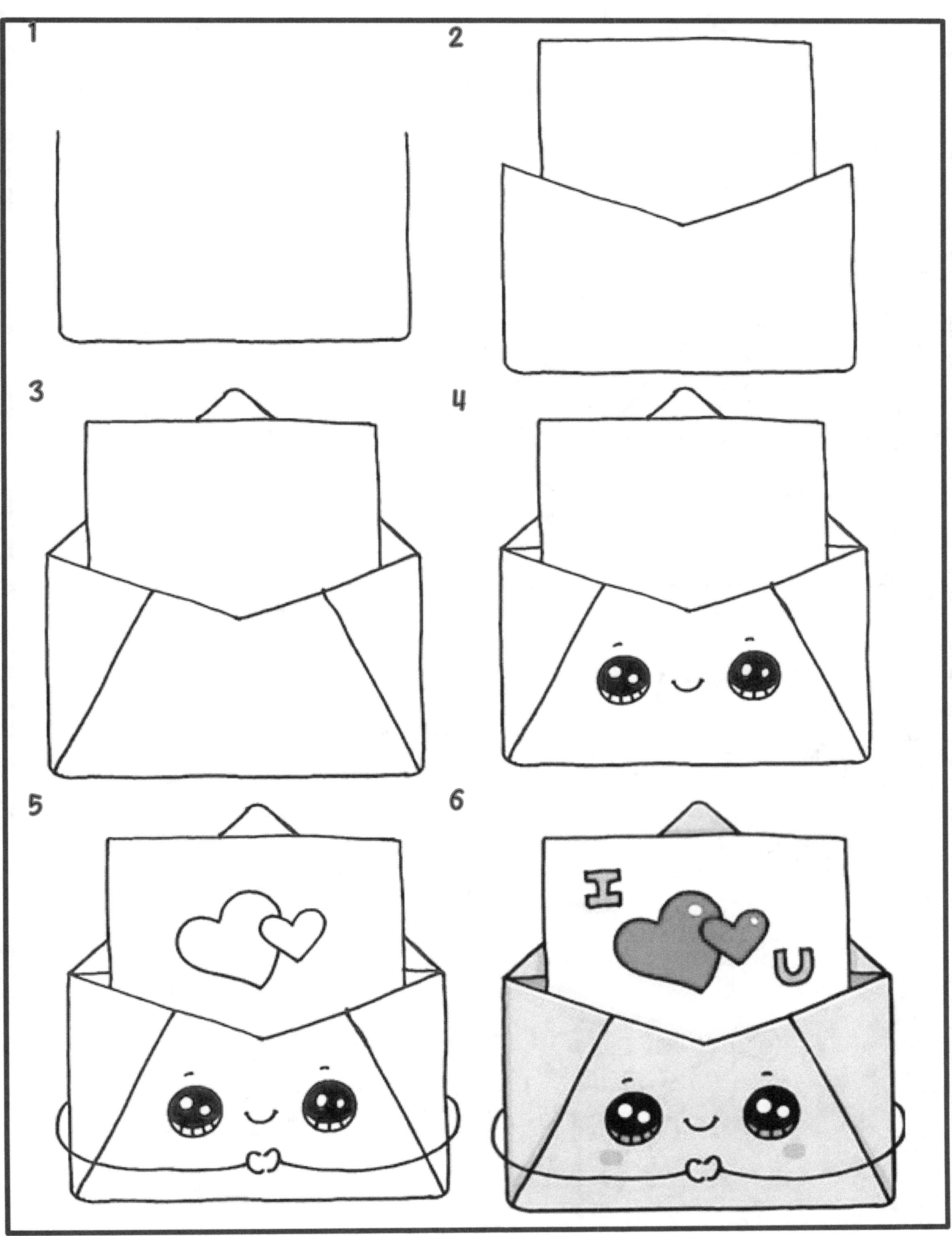

1
2
3
4
5
6
I
U

1
2
3
4
5
6
7
8
9
10

1
2
3
4
5
6
7
8
9

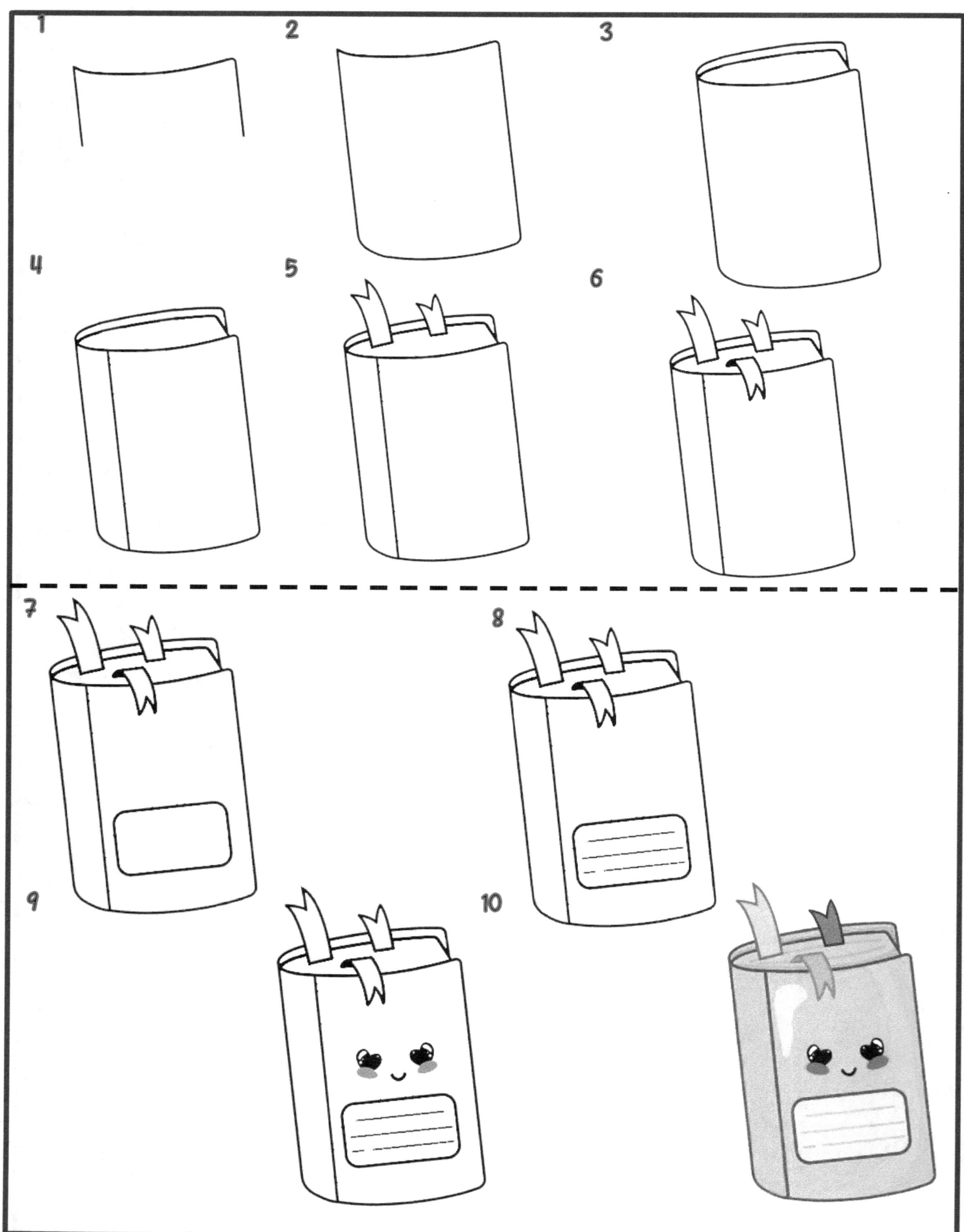

1
2
3
4
5
6
7
8
9
10

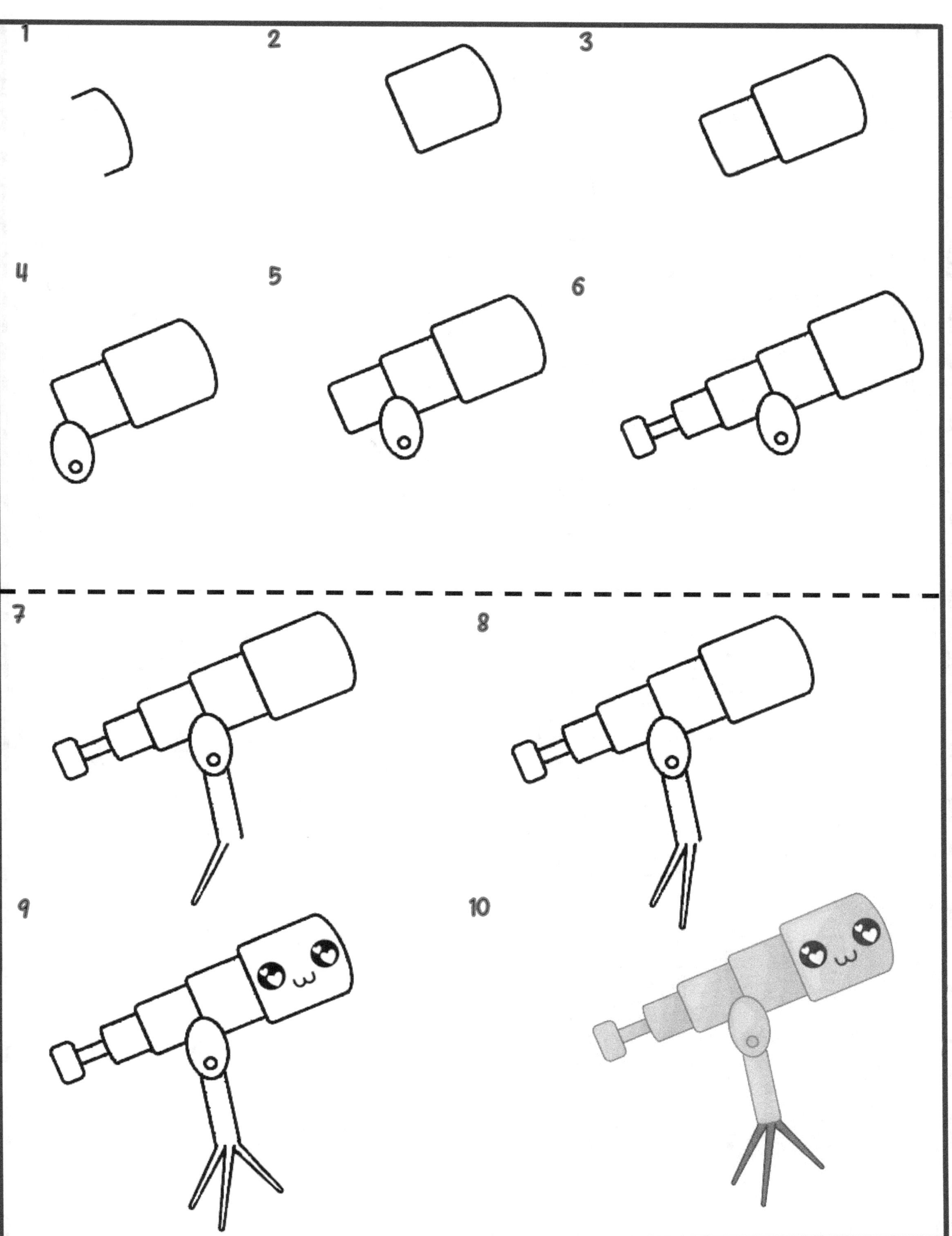

1
2
3
4
5
6
7
8
9
10

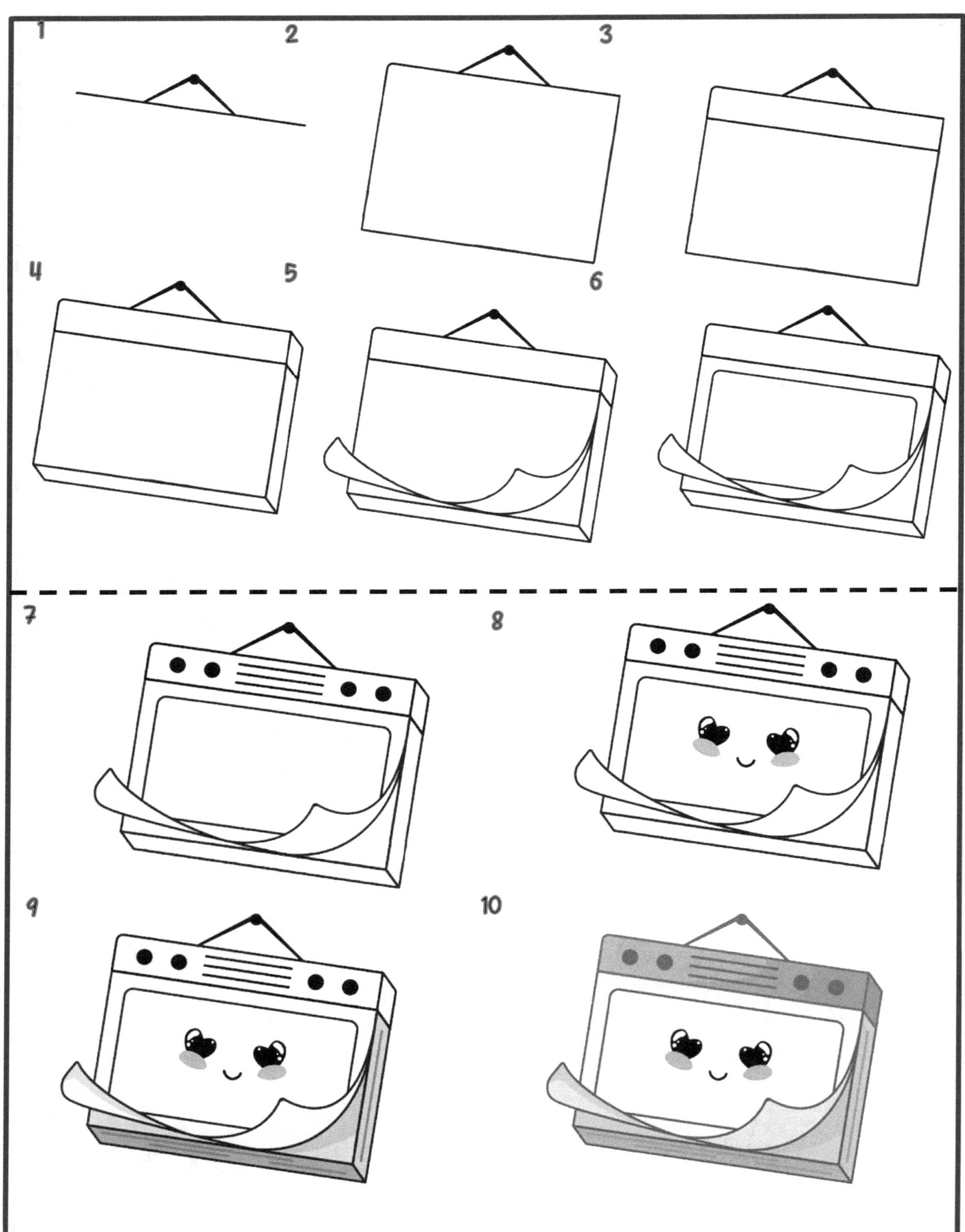

1
2
3
4
5
6
7
8
9
10

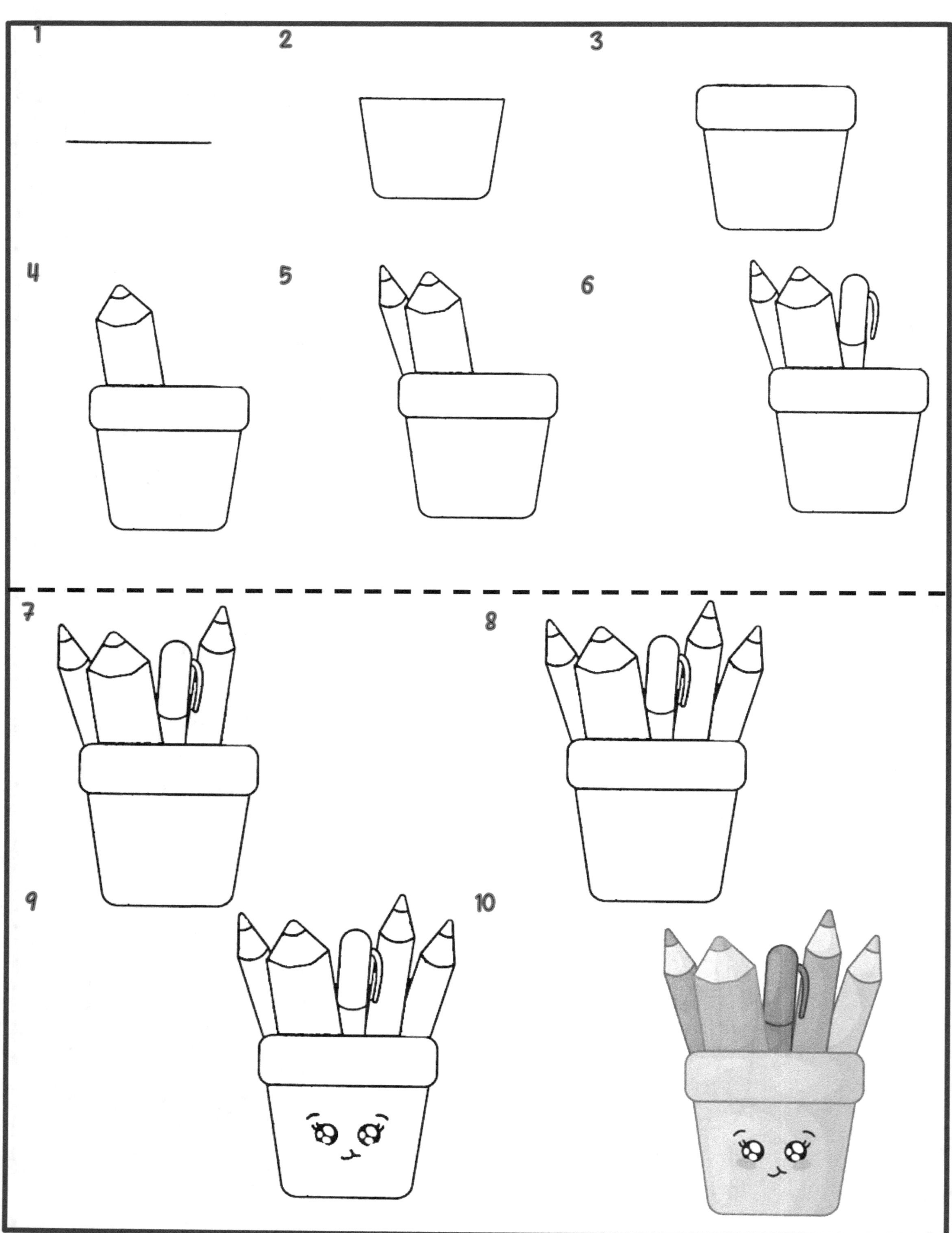

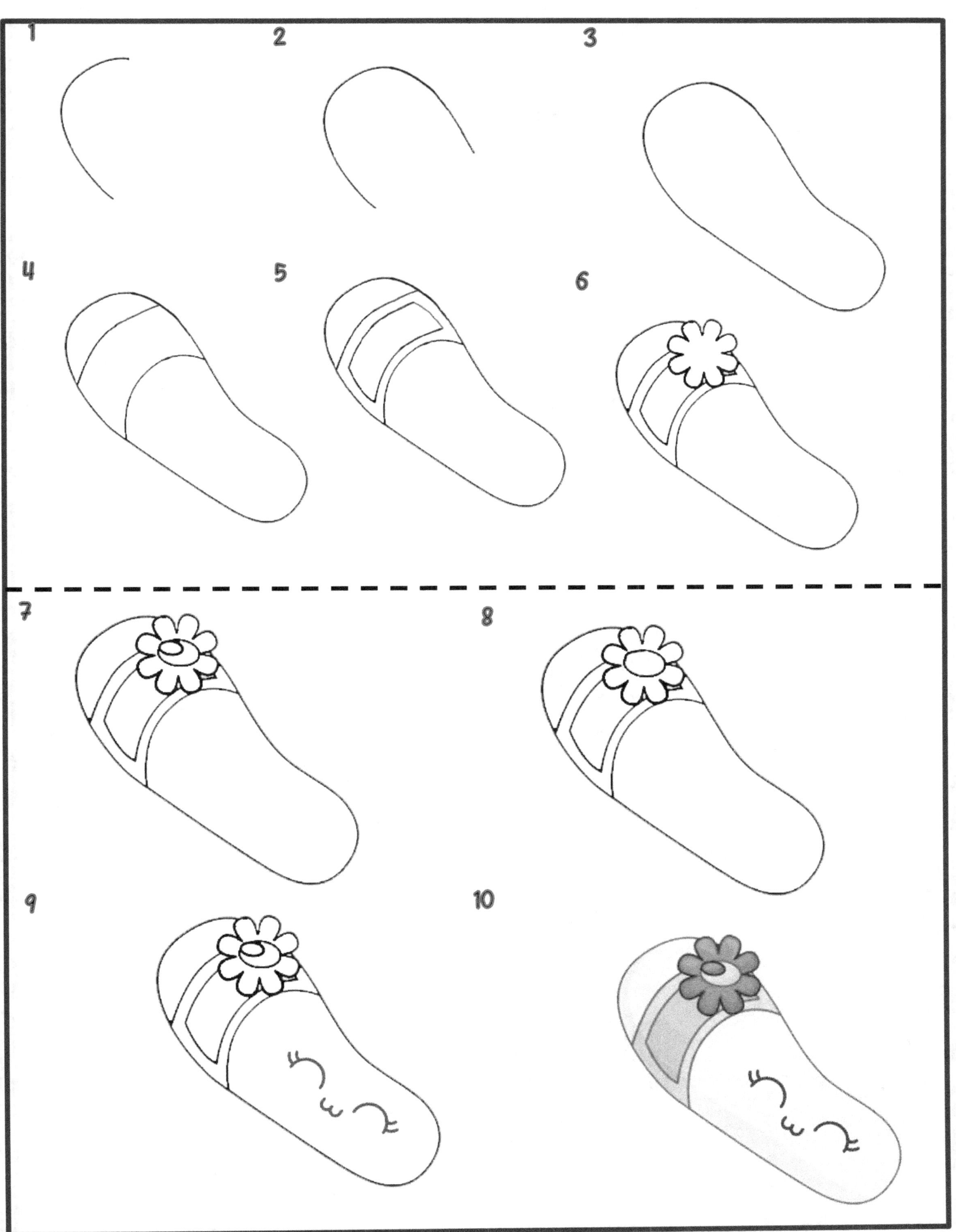

1
2
3
4
5
6
7
8
9
10

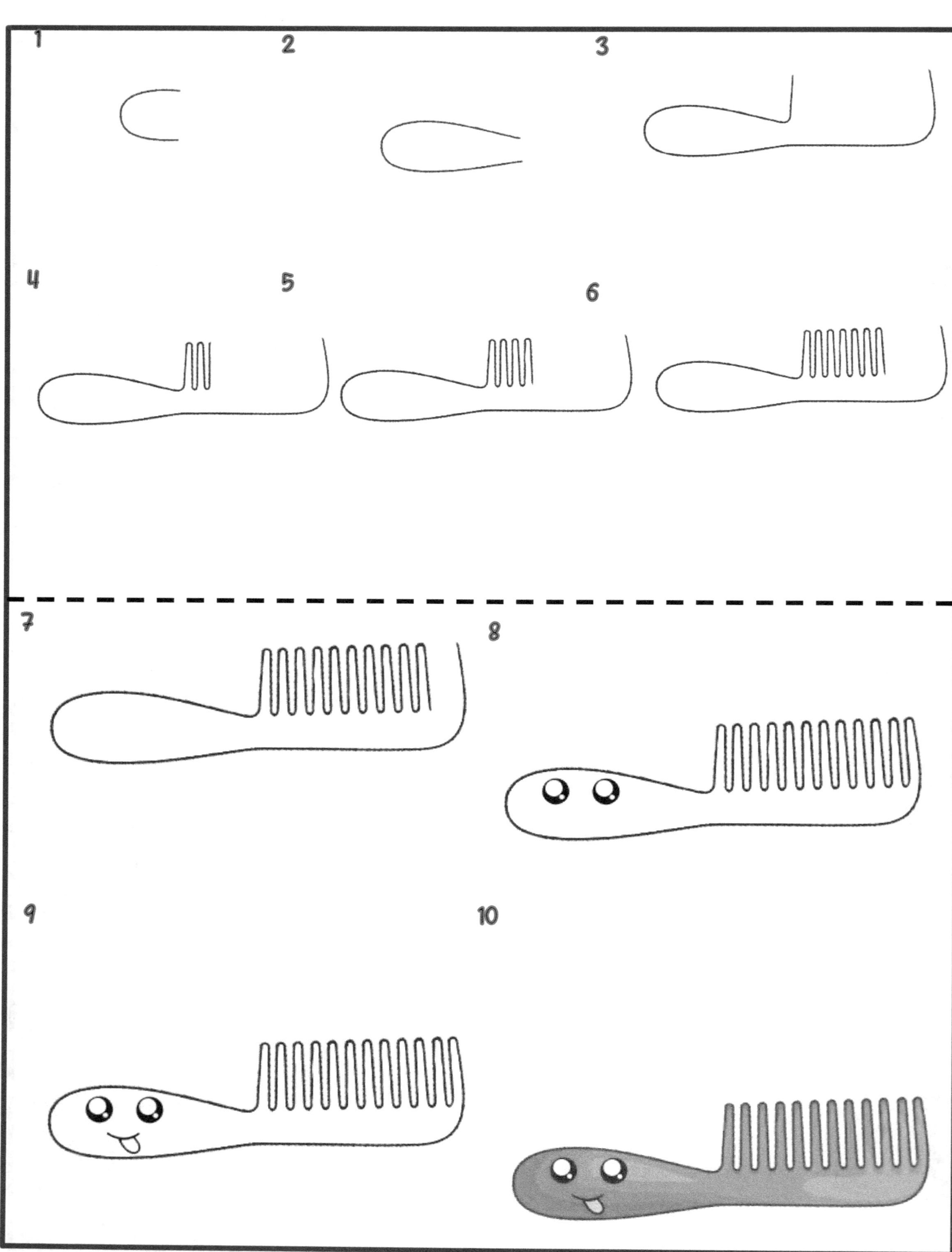

1
2
3
4
5
6
7
8
9
10

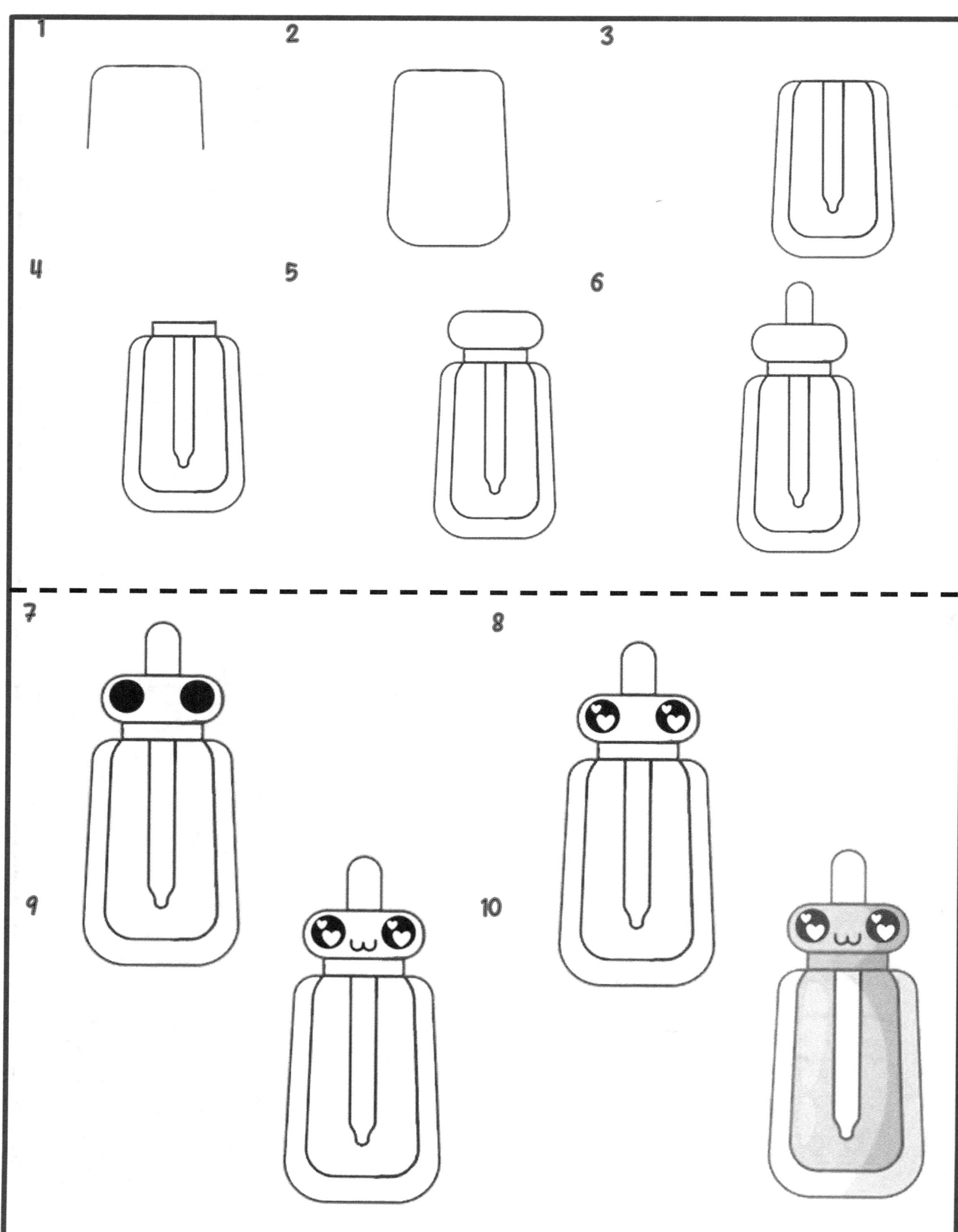

1

2

3

4

5

6

7

8

9

10

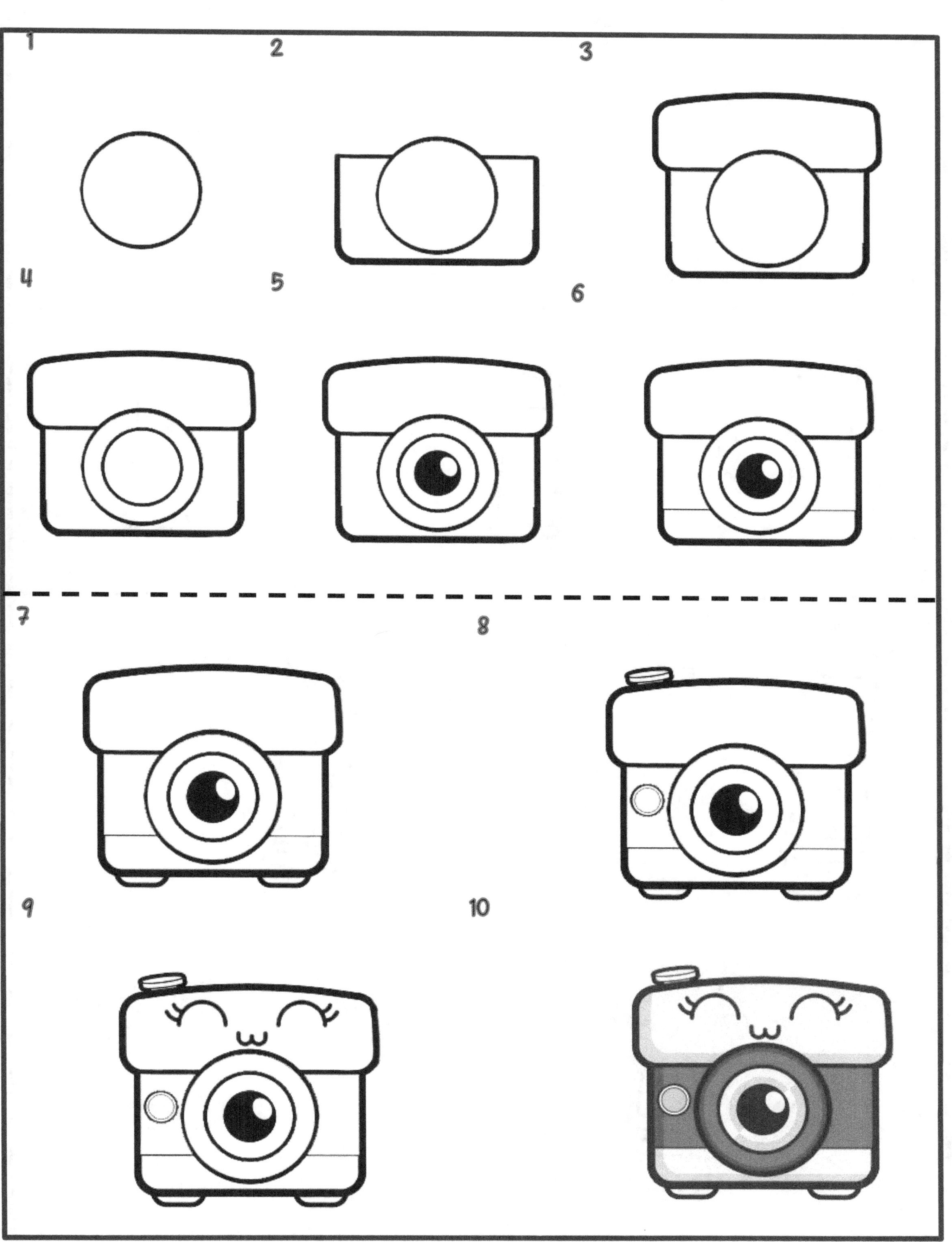

1
2
3
4
5
6
7
8
9
10

1
2
3
4
5
6
7
8
9
10

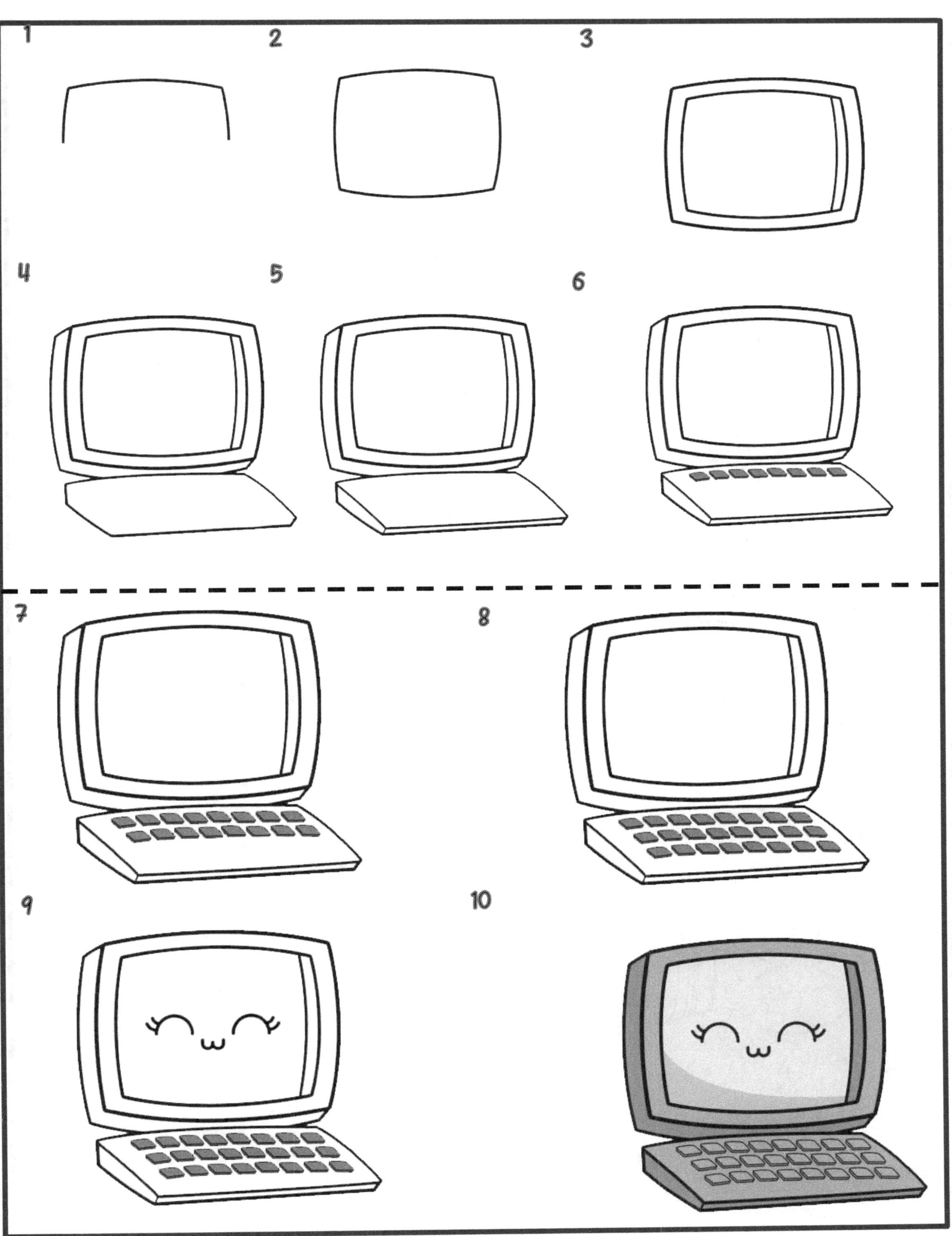

1
2
3
4
5
6
7
8
9
10

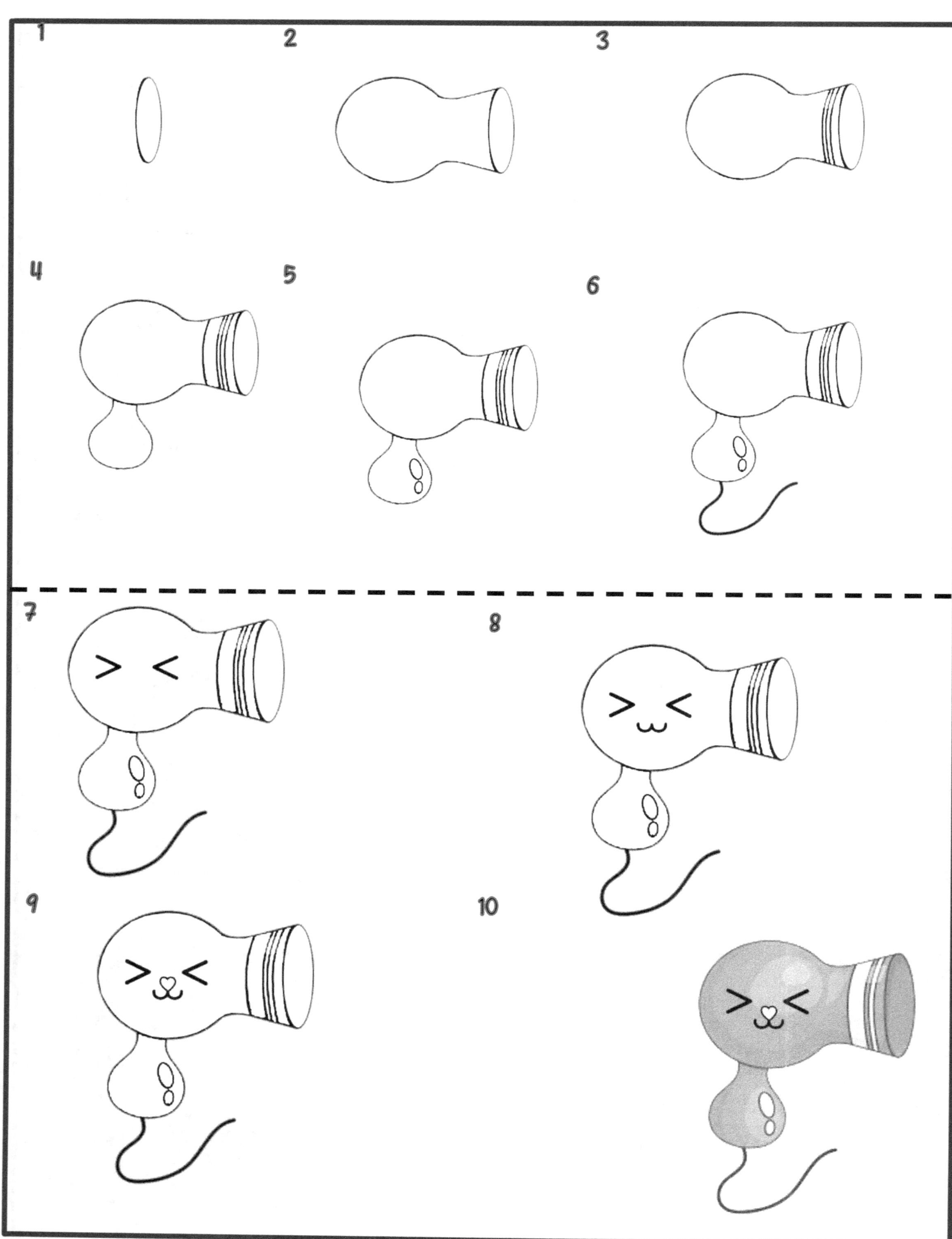

1
2
3
4
5
6
7
8
9
10

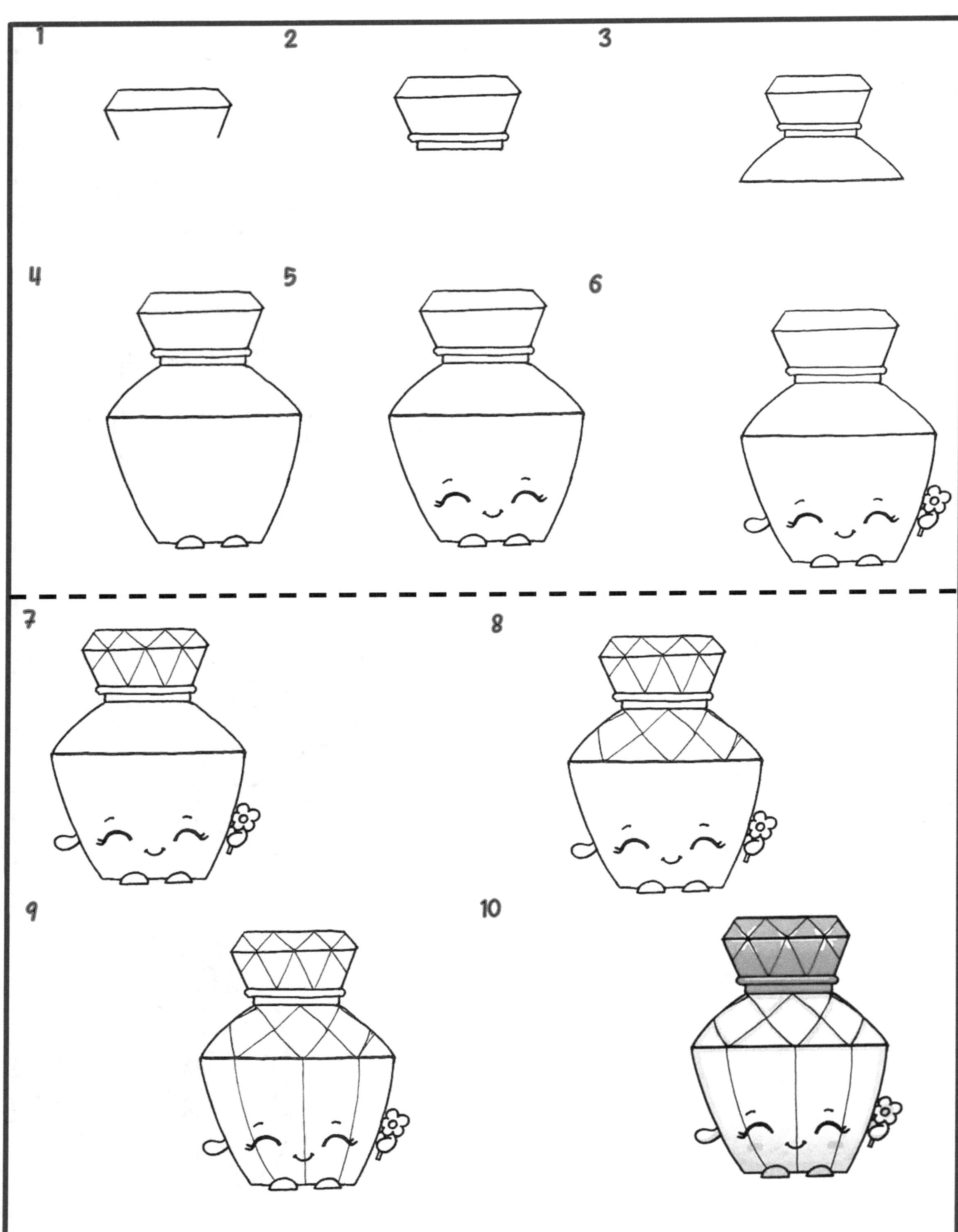

1
2
3
4
5
6
7
8
9
10

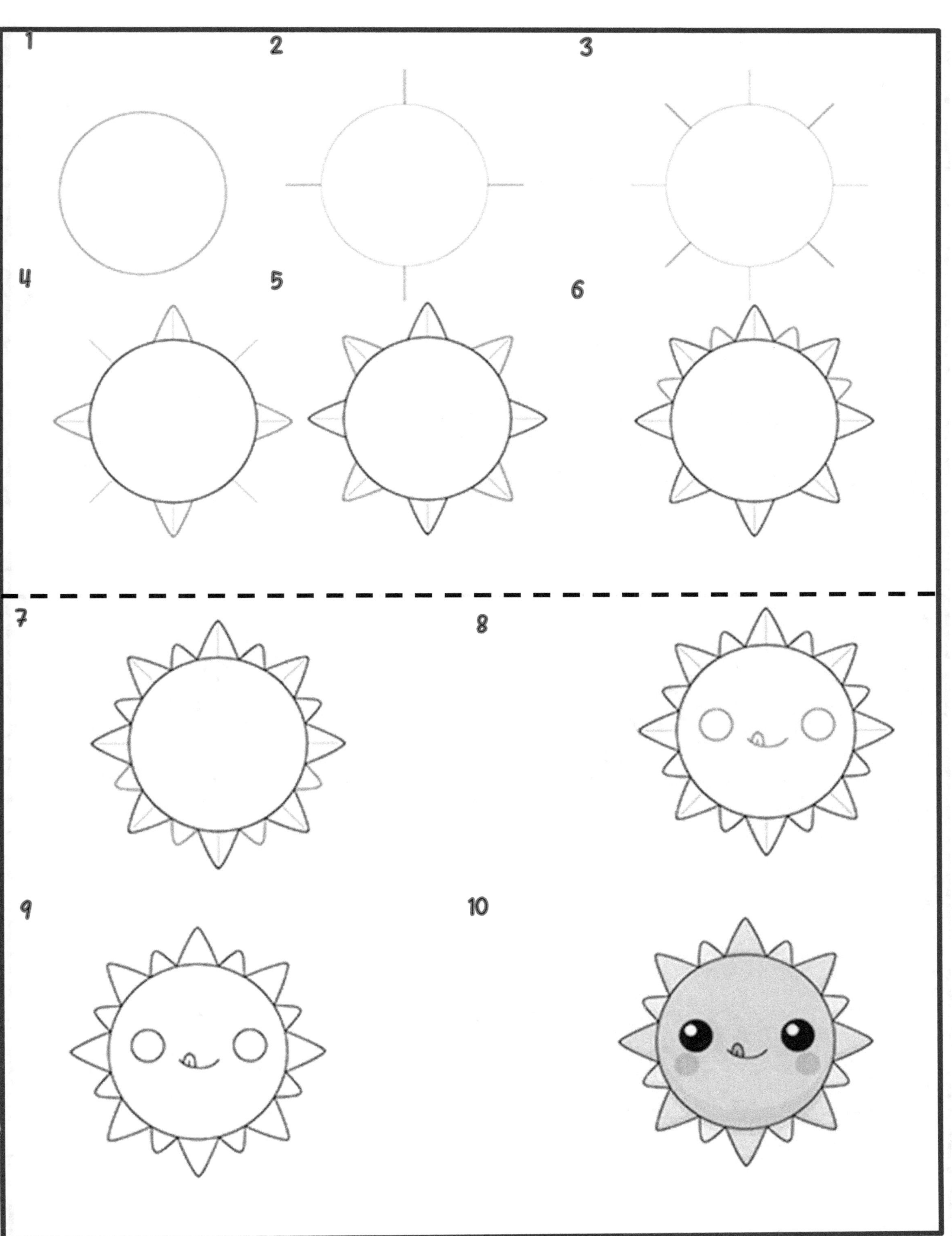

1
2
3
4
5
6
7
8
9
10

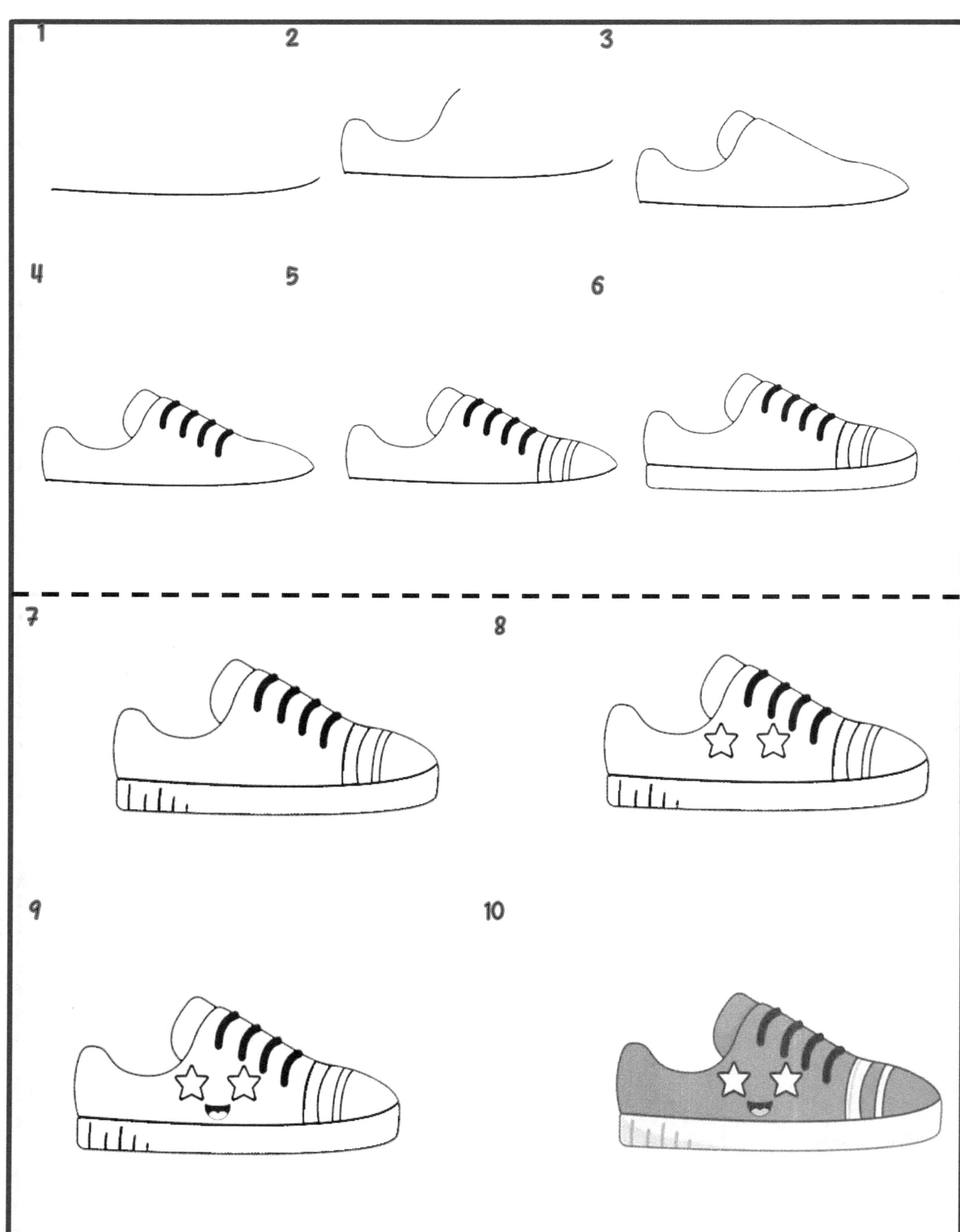

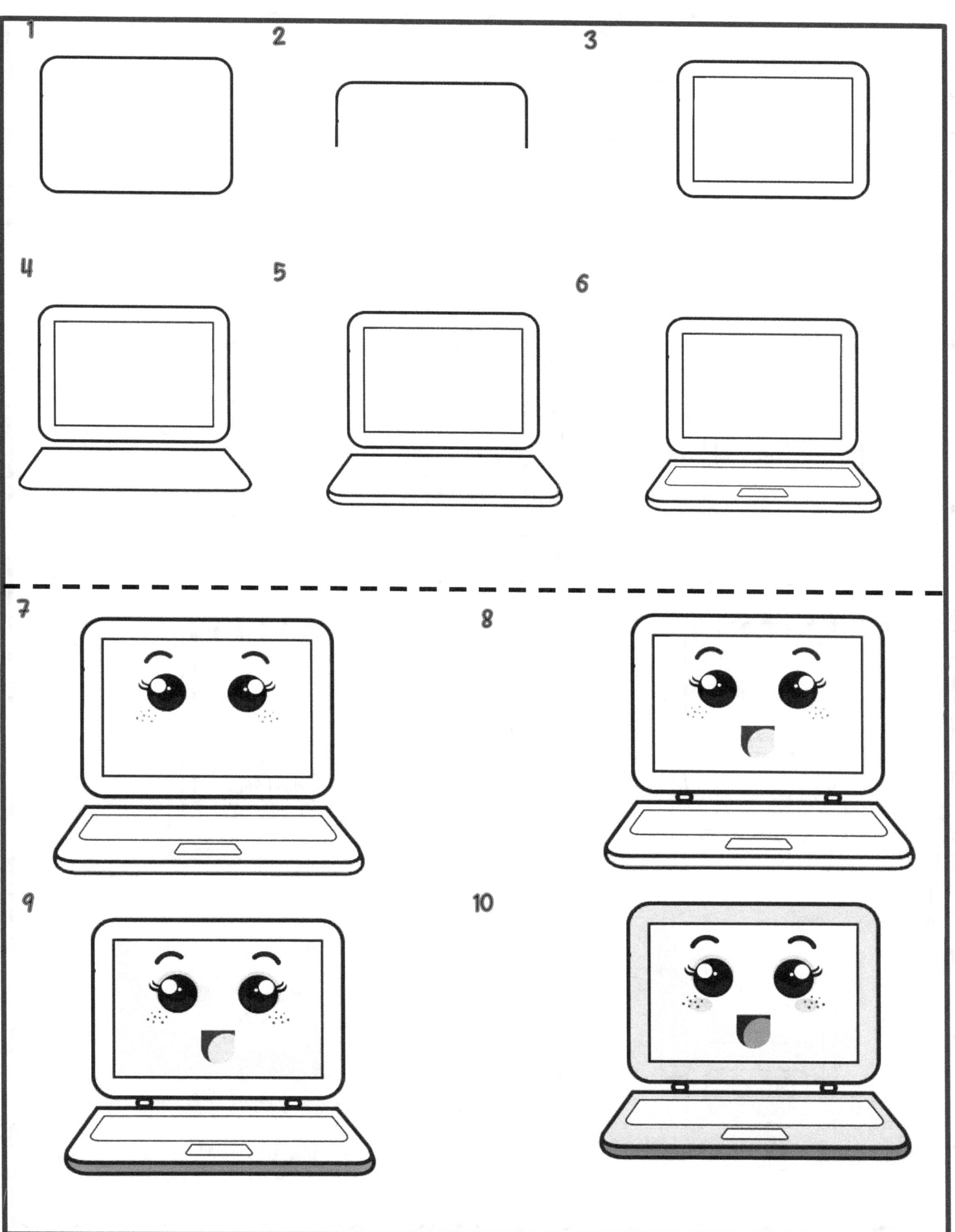

1
2
3
4
5
6
7
8
9
10

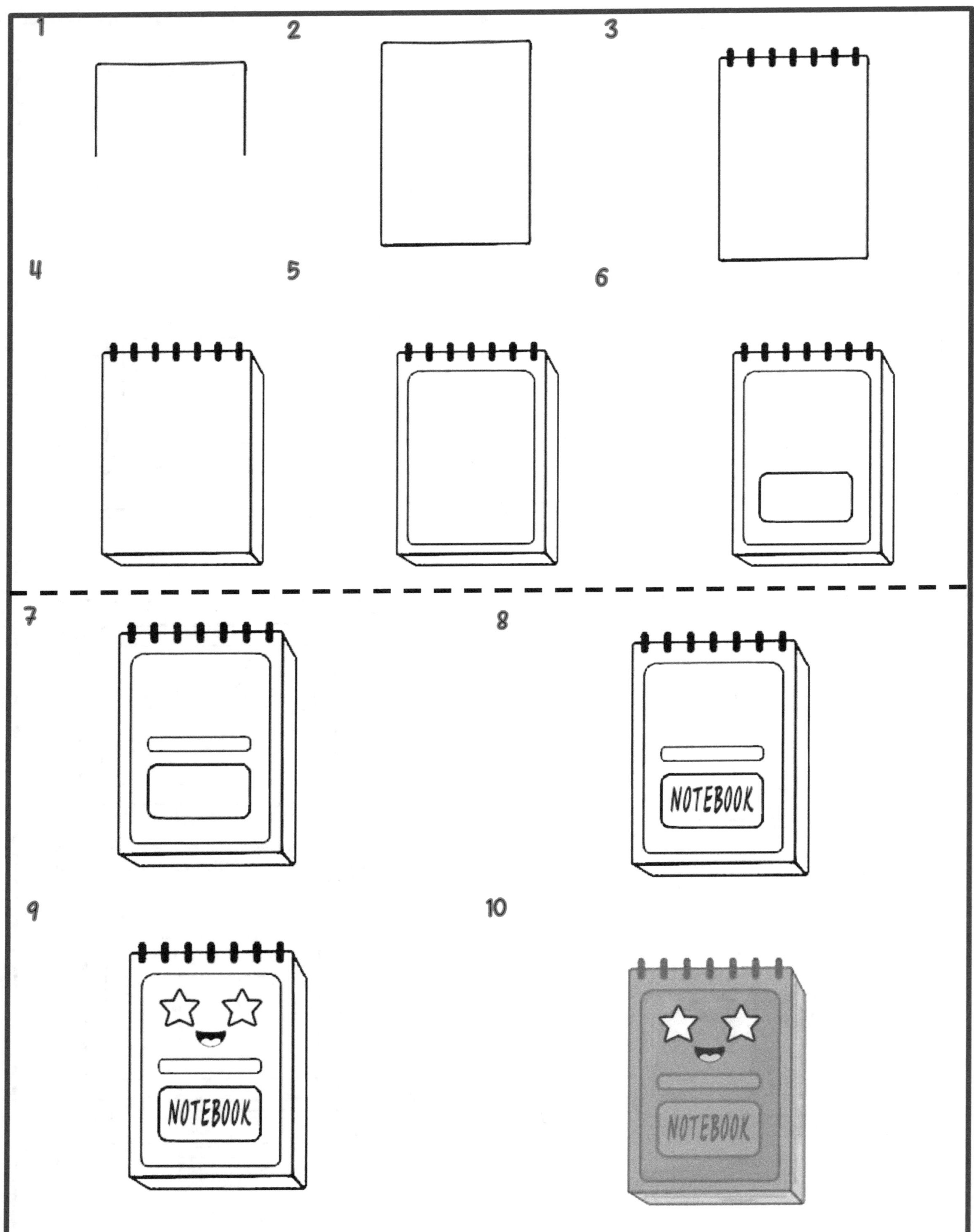

1
2
3
4
5
6
7
8
NOTEBOOK
9
NOTEBOOK
10
NOTEBOOK

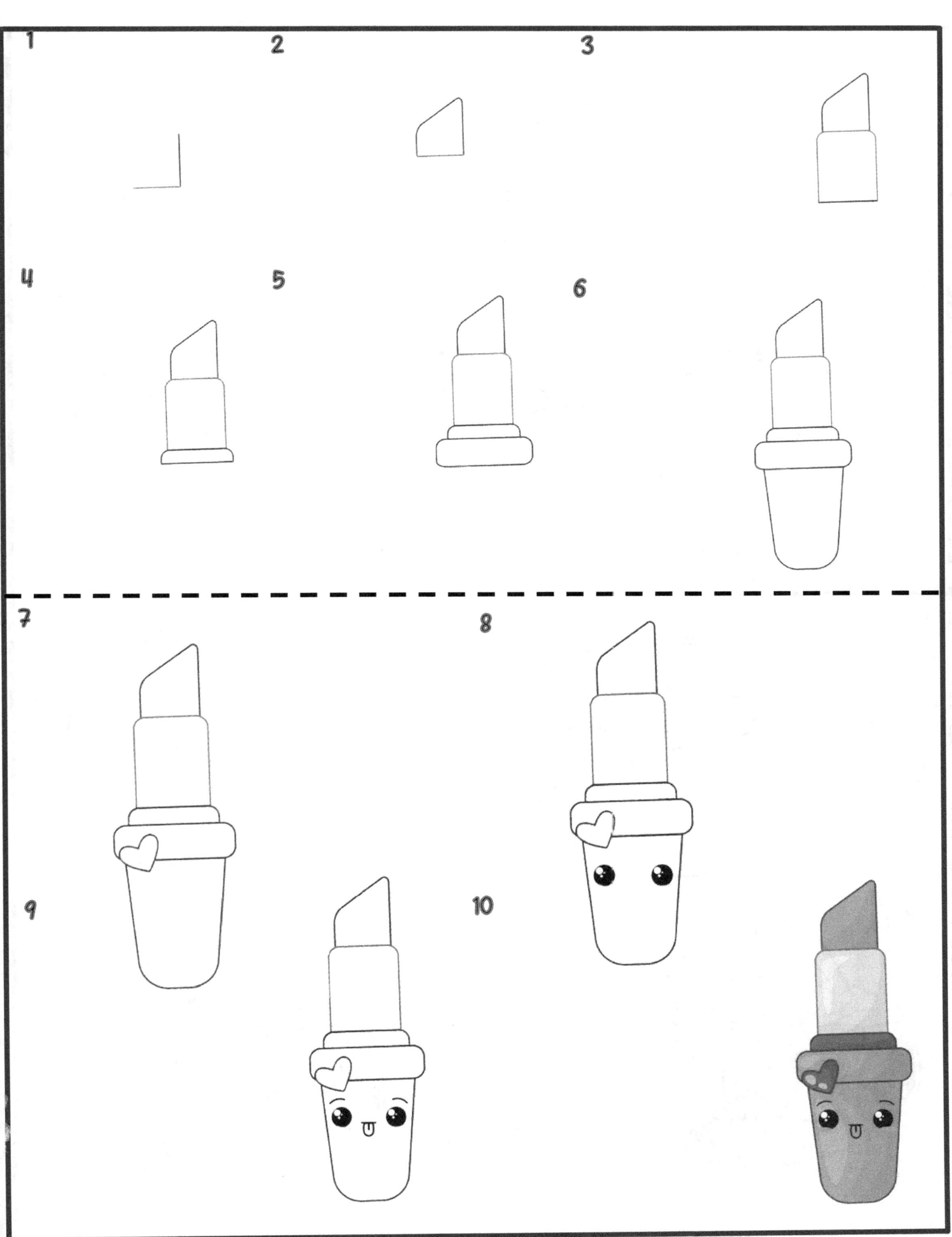

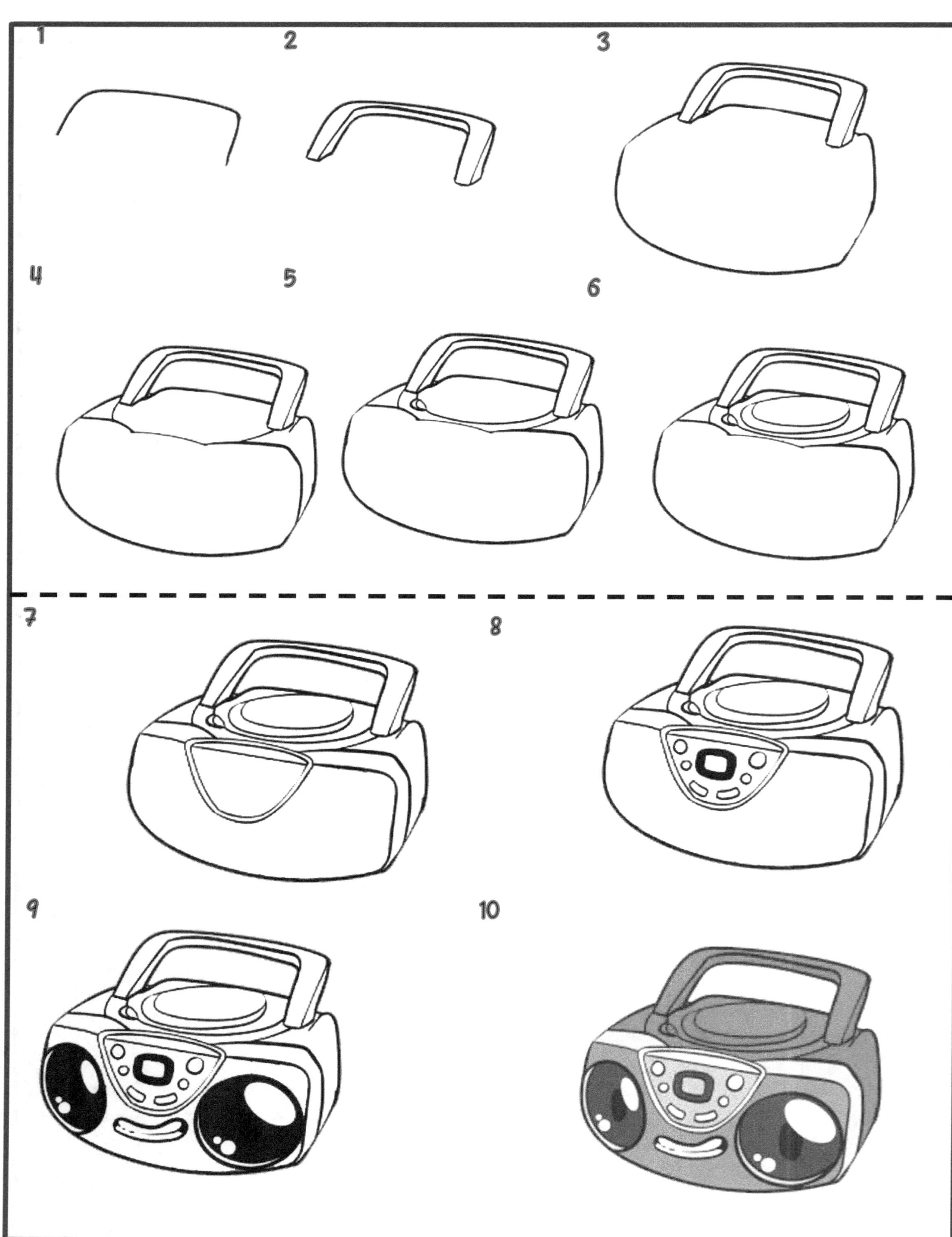

1
2
3
4
5
6
7
8
9
10

1
2
3
4
5
6
7
8
9
10

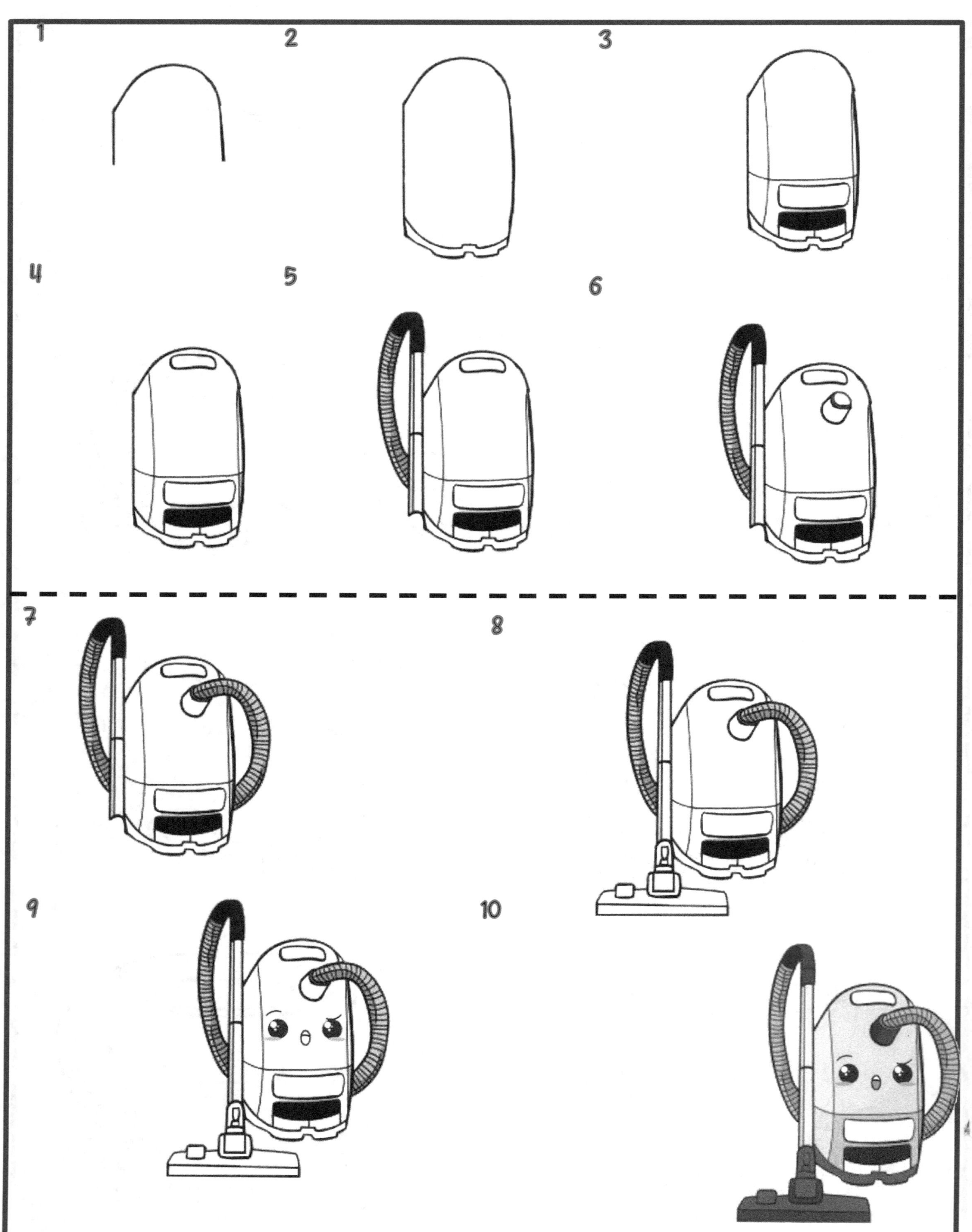

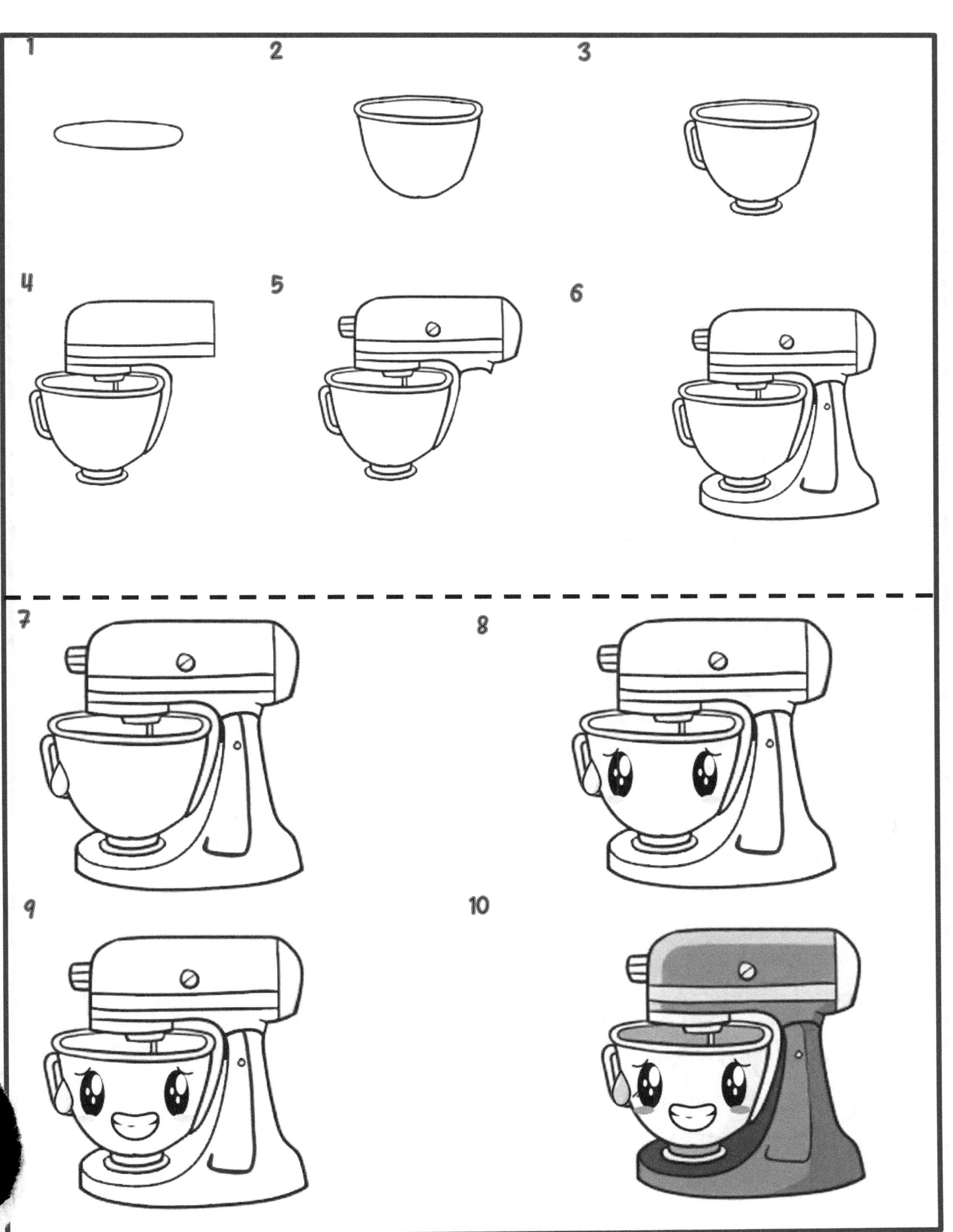

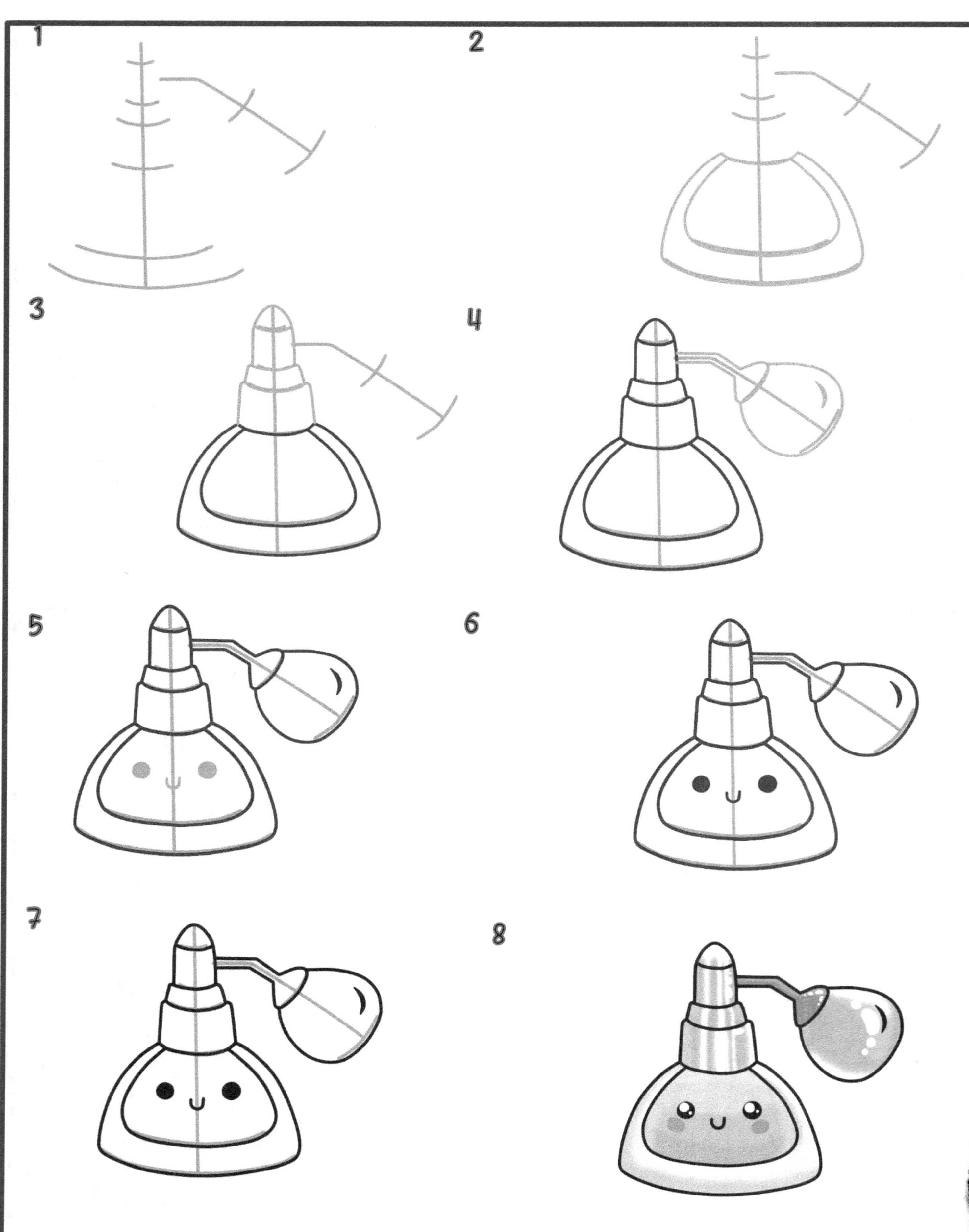

1
2
3
4
5
6
7
8

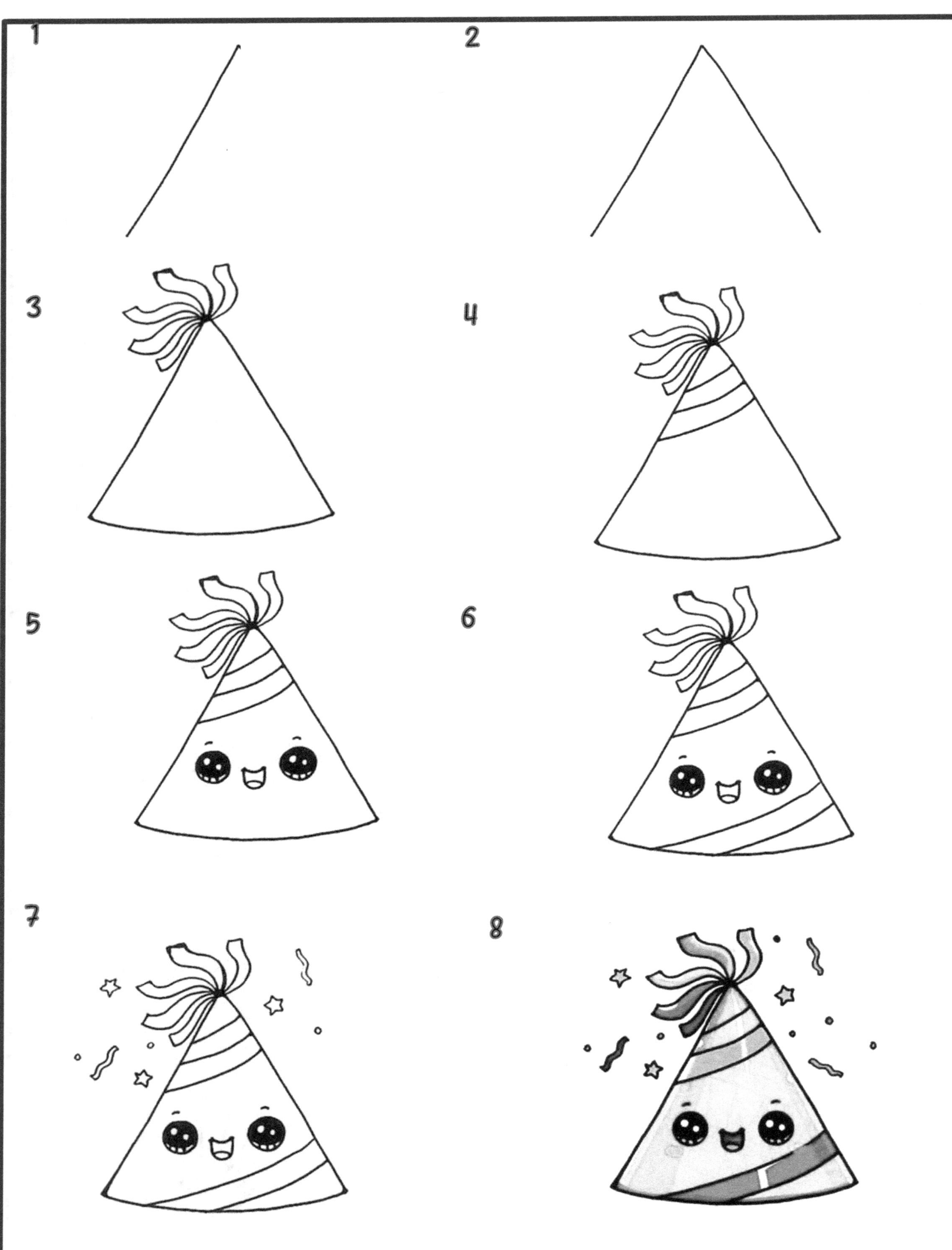

1
2
3
4
5
6
7
8

1
2
3
4
5
6
7
8

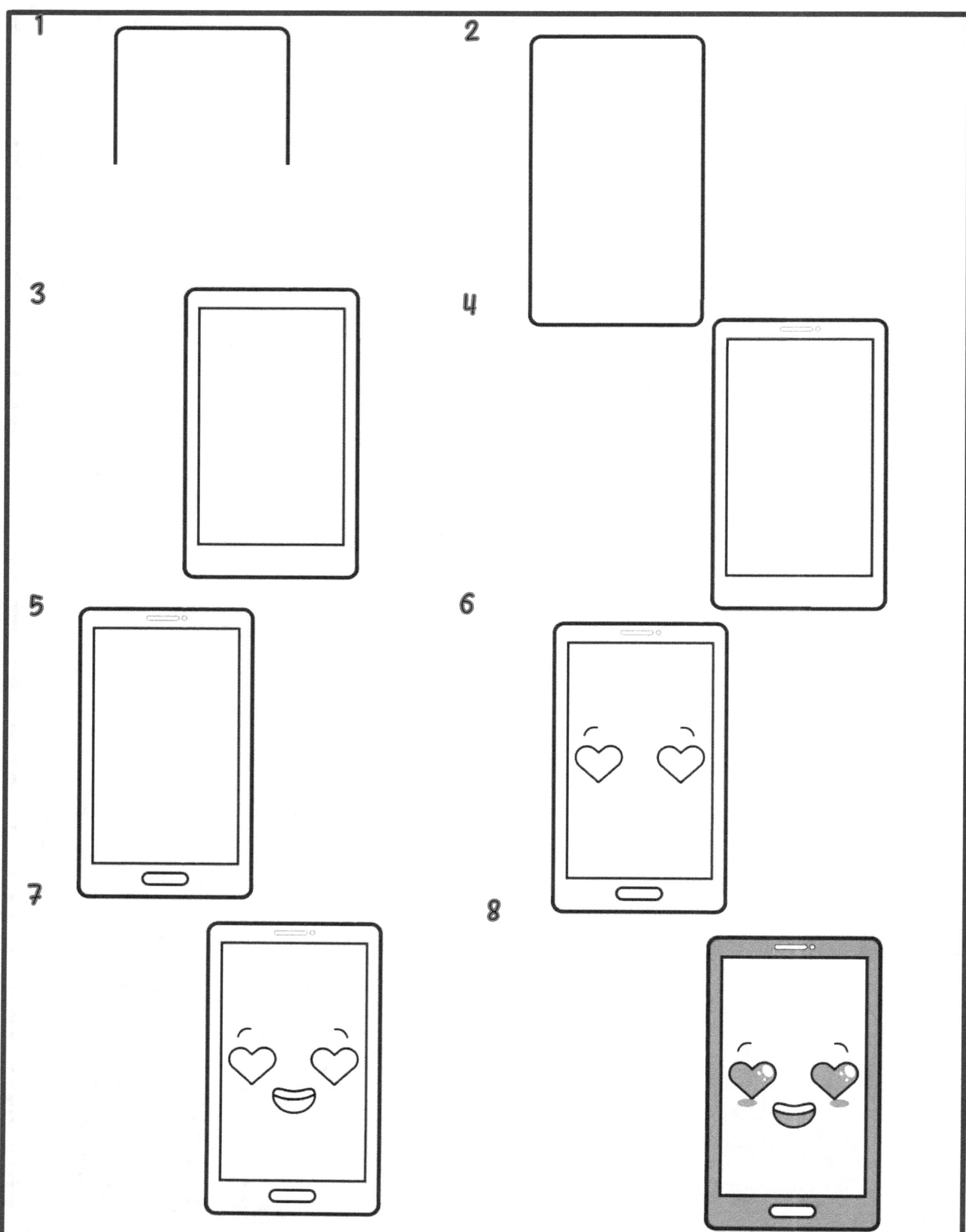
1
2
3
4
5
6
7
8

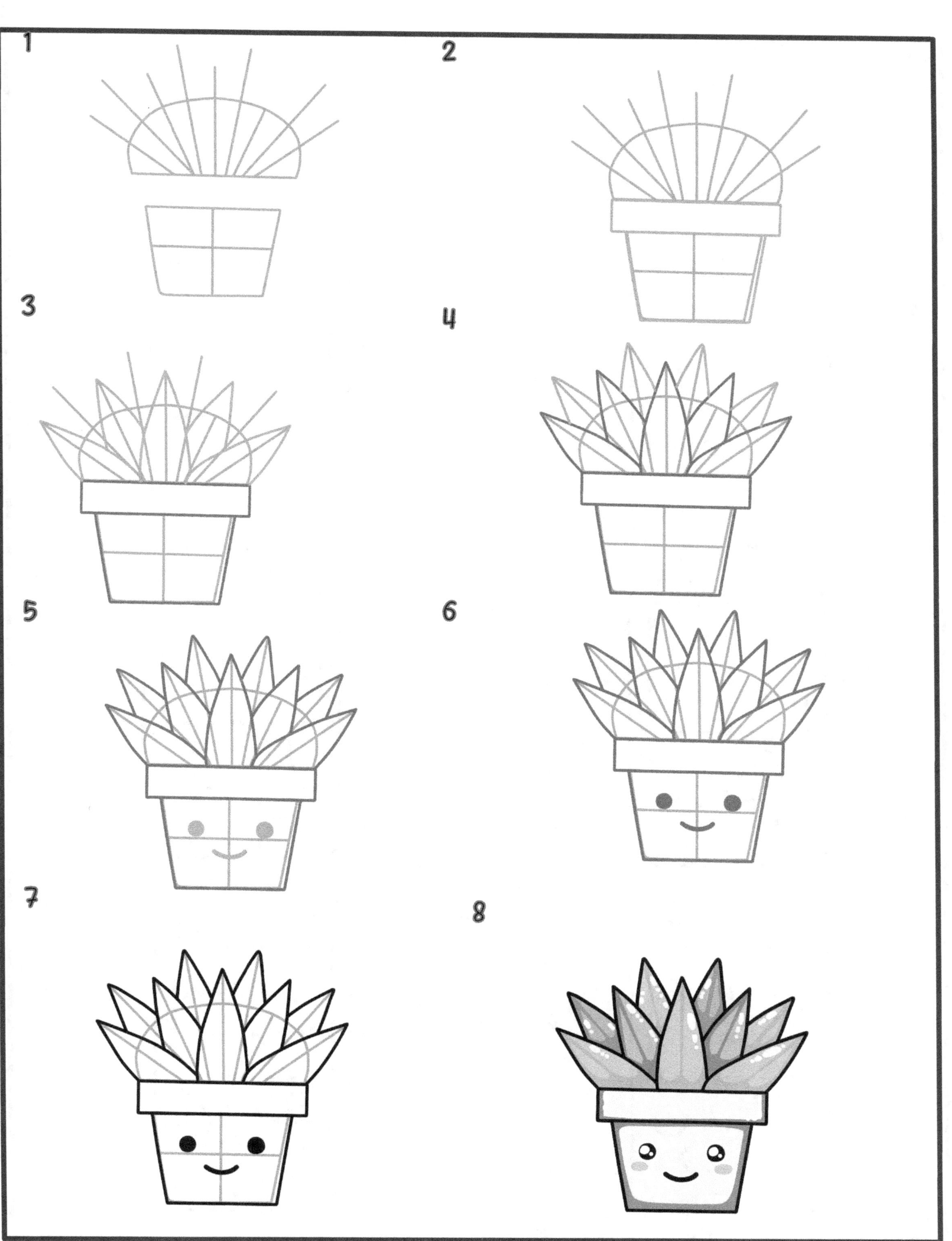

1
2
3
4
5
6
7
8

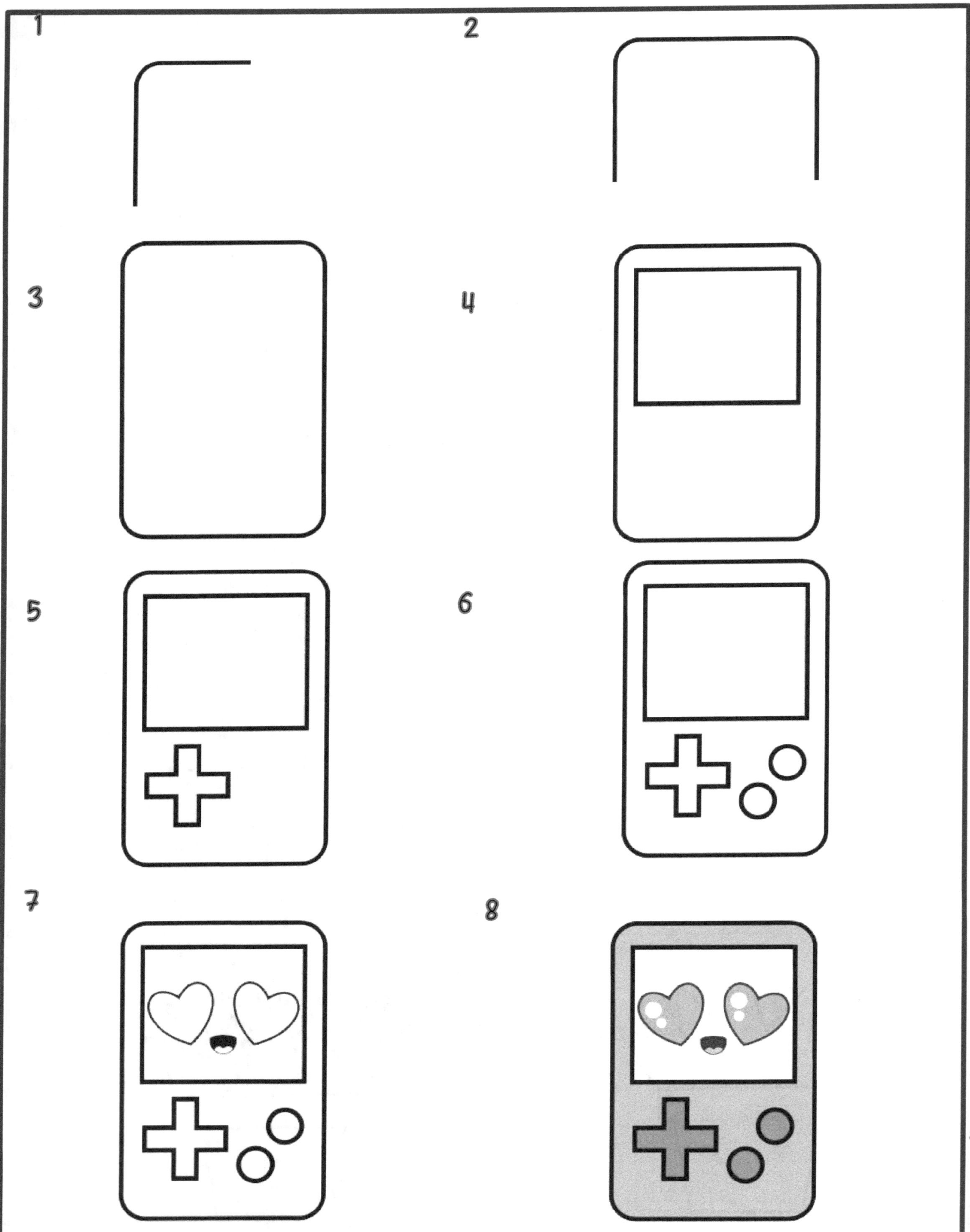

1
2
3
4
5
6
7
8

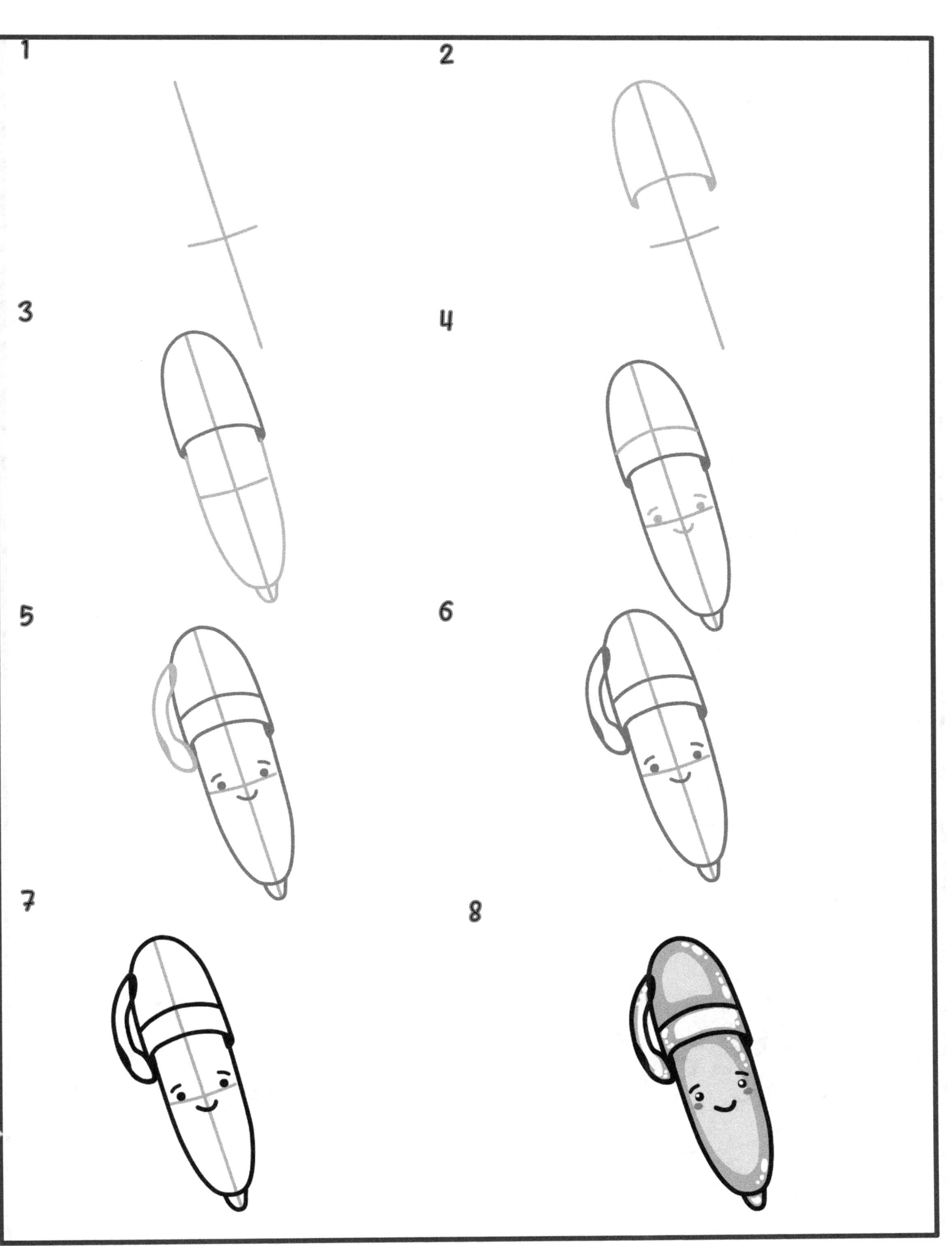

1

2

3

4

5

6

7

8

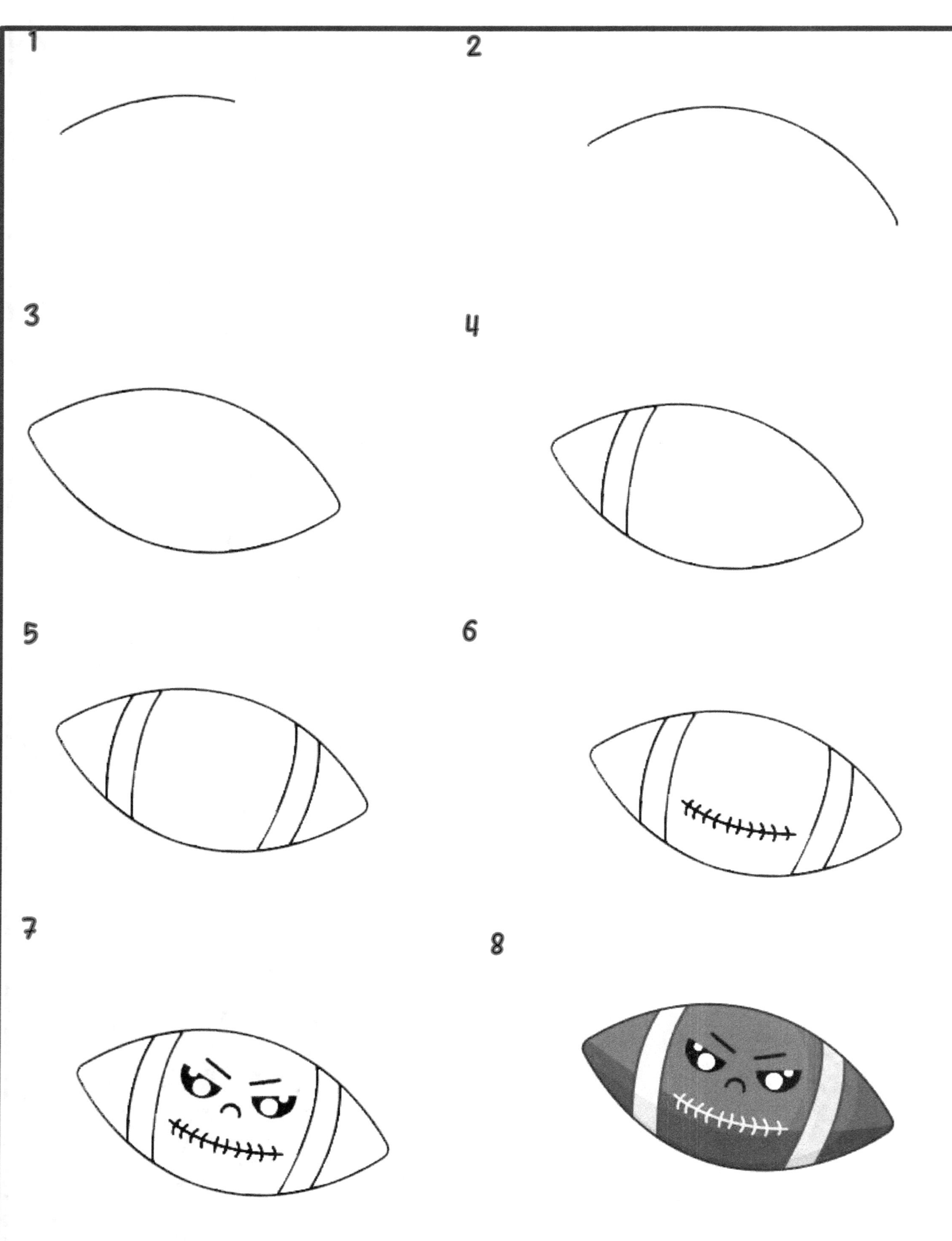

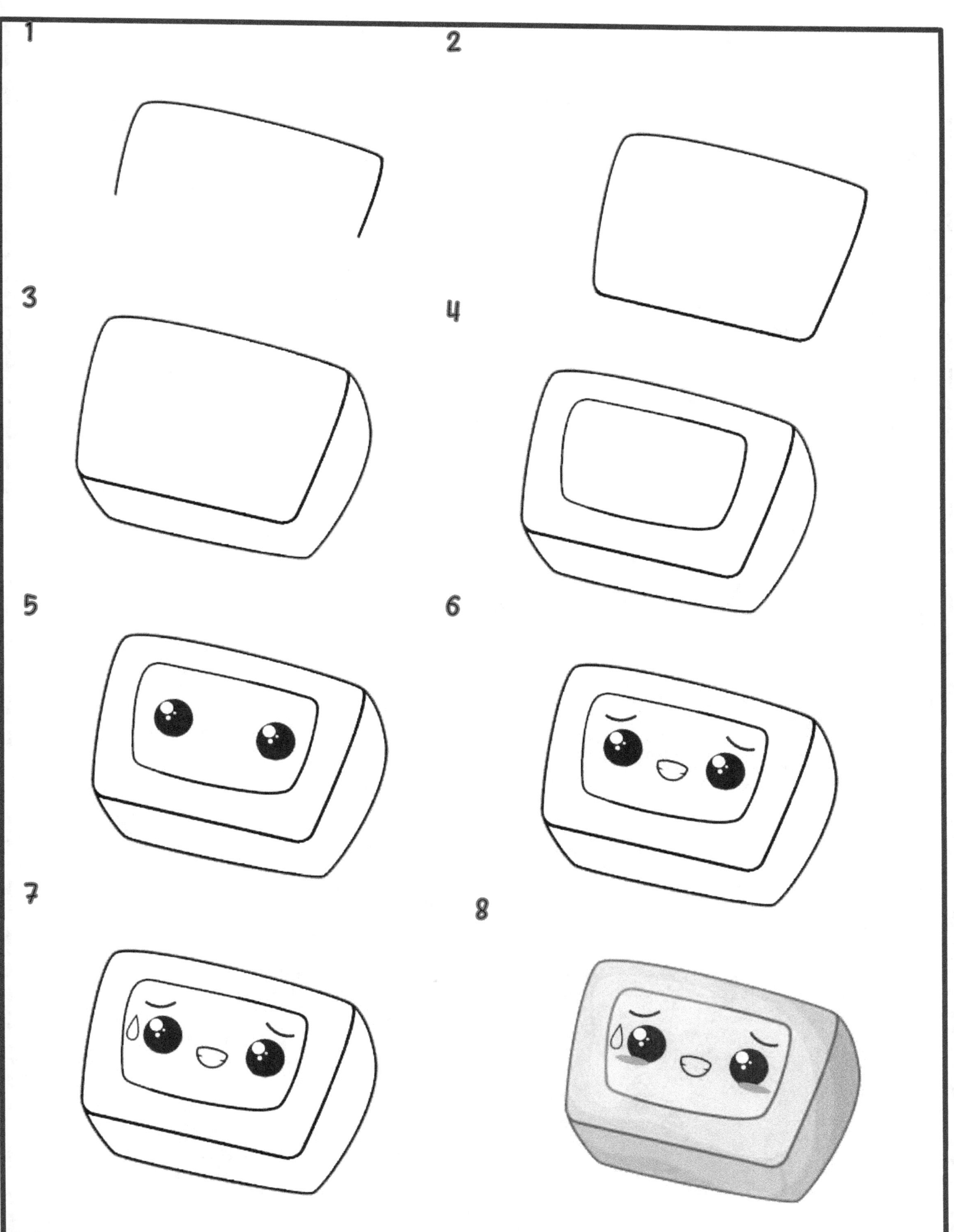

1
2
3
4
5
6
7
8

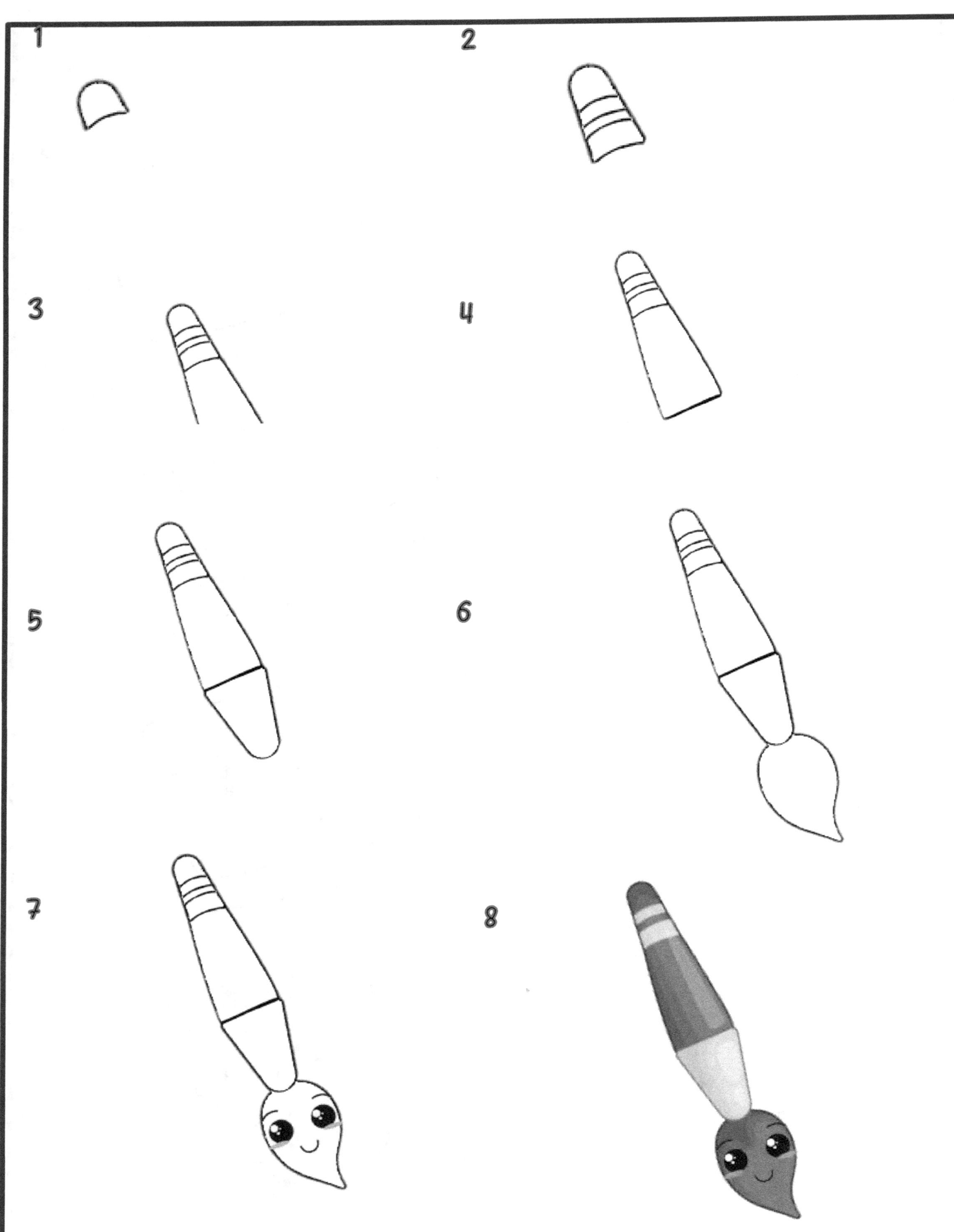

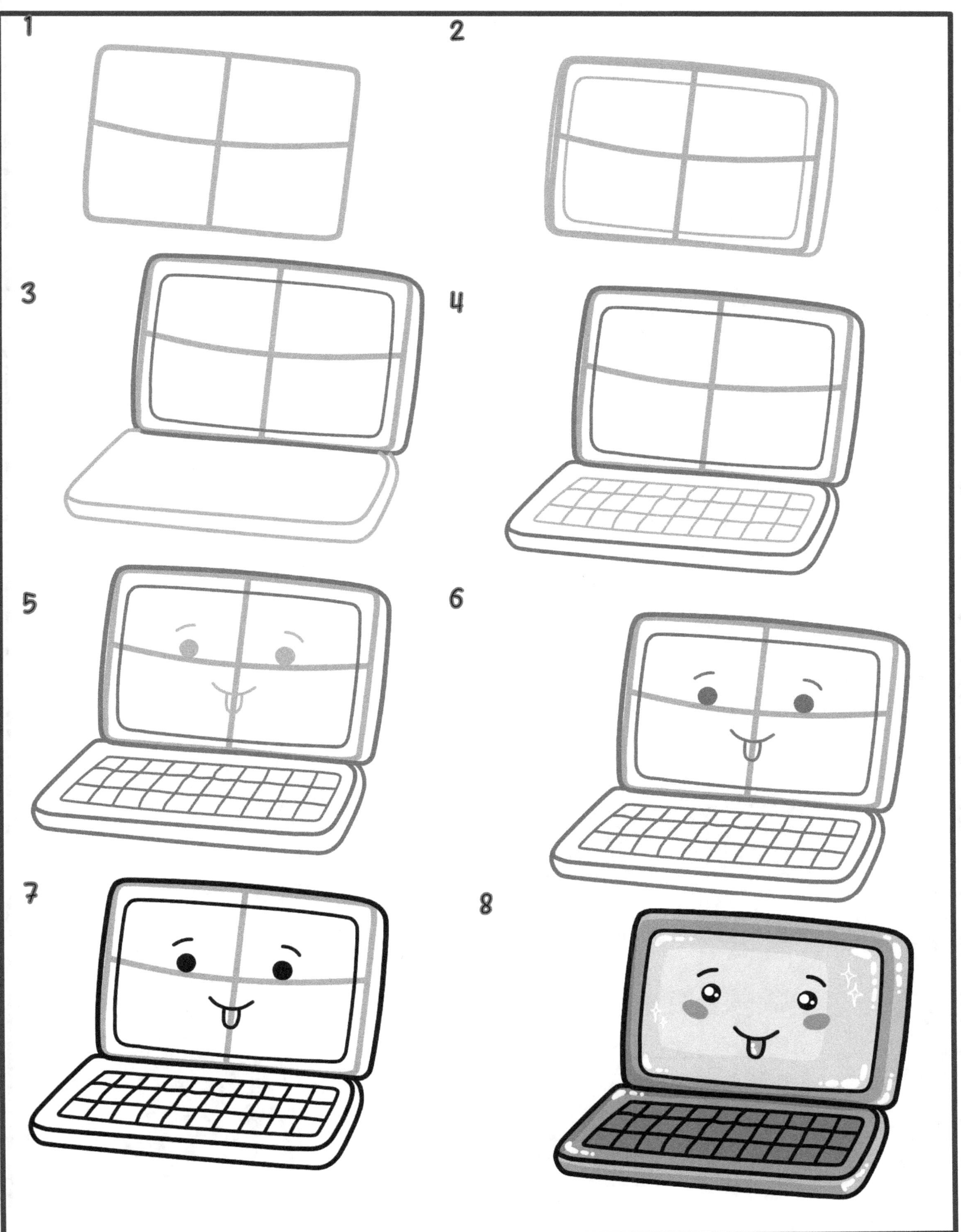

1
2
3
4
5
6
7
8

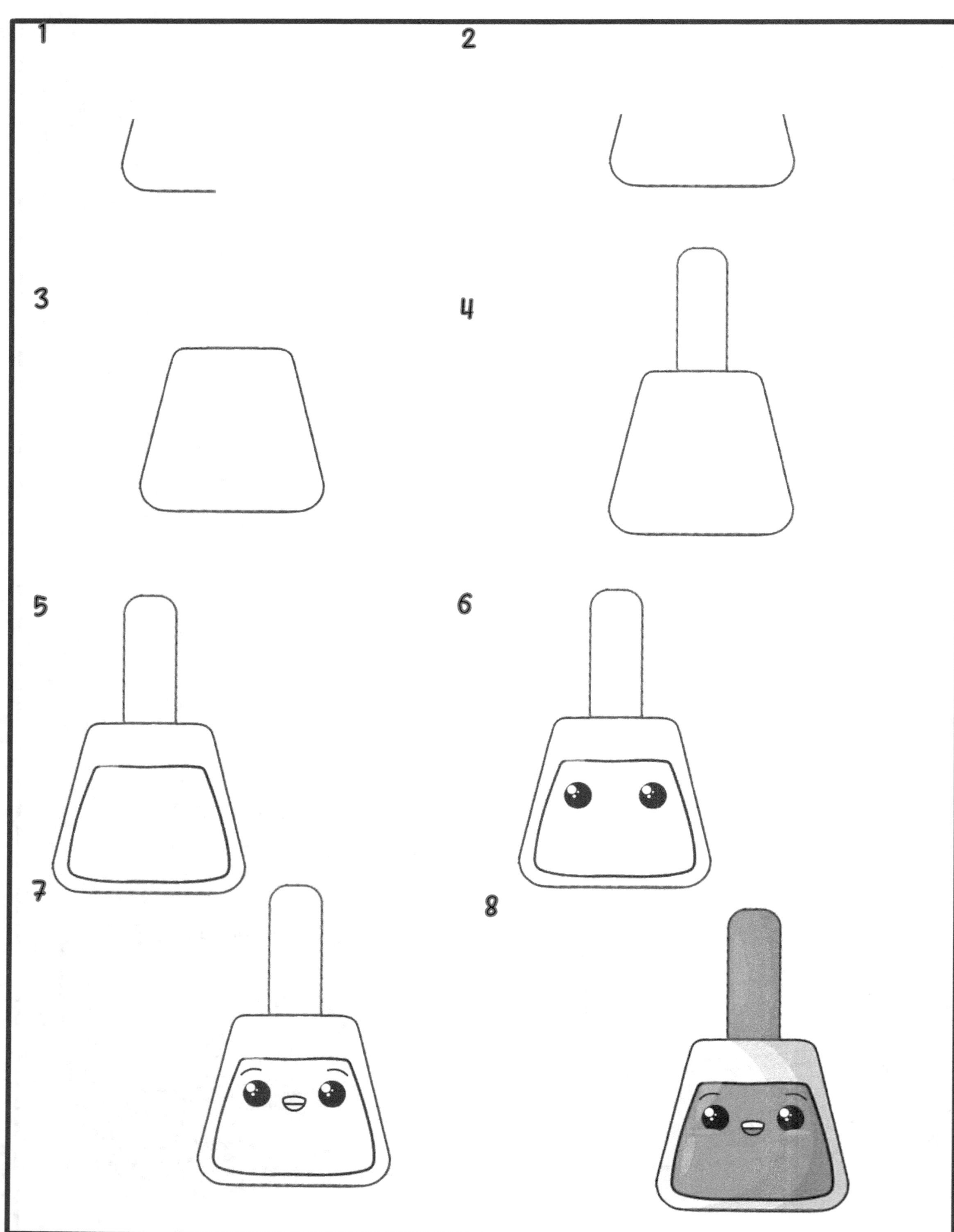

1
2
3
4
5
6
7
8

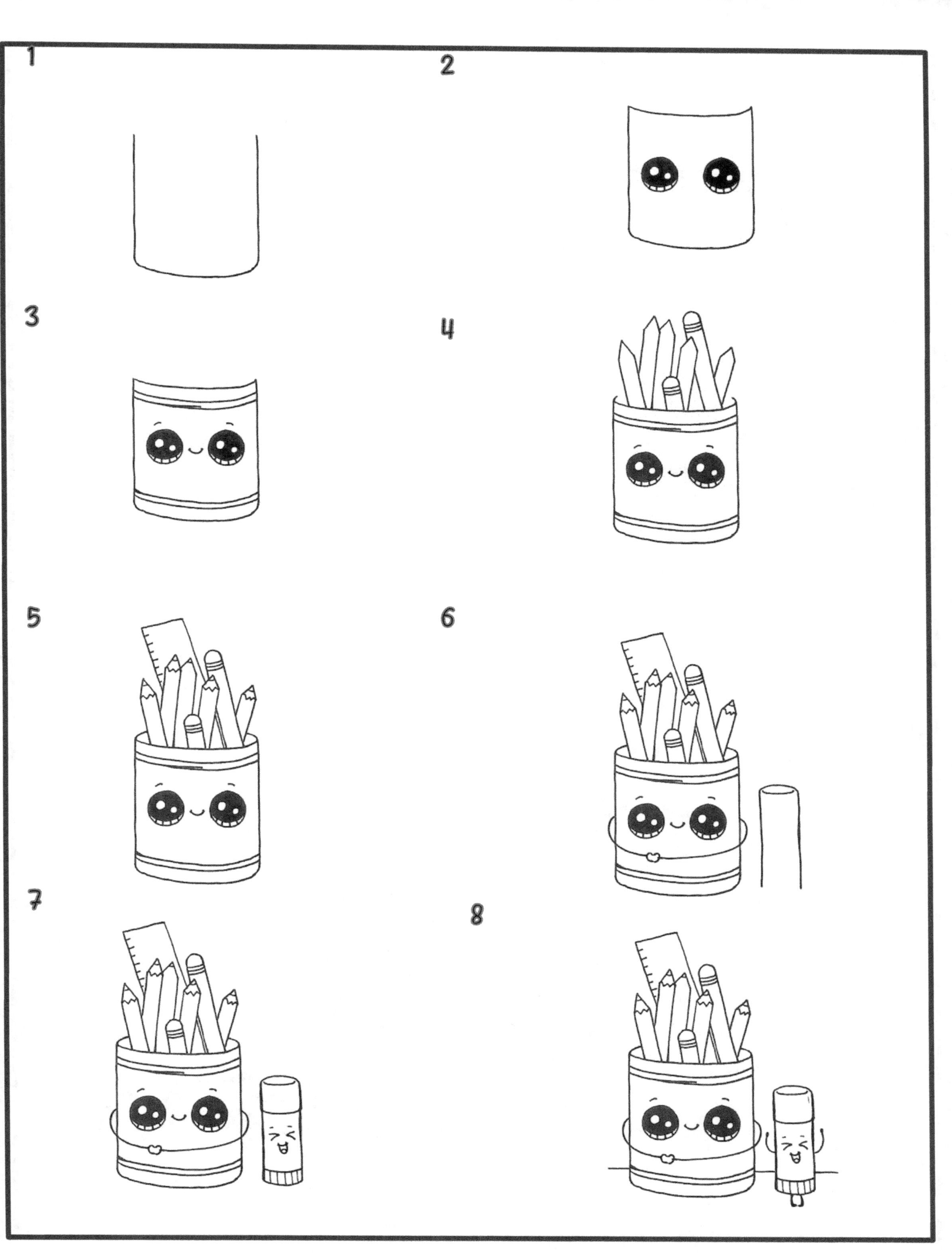

1
2
3
4
5
6
7
8

1

2

3

4

5

6

7

8

9

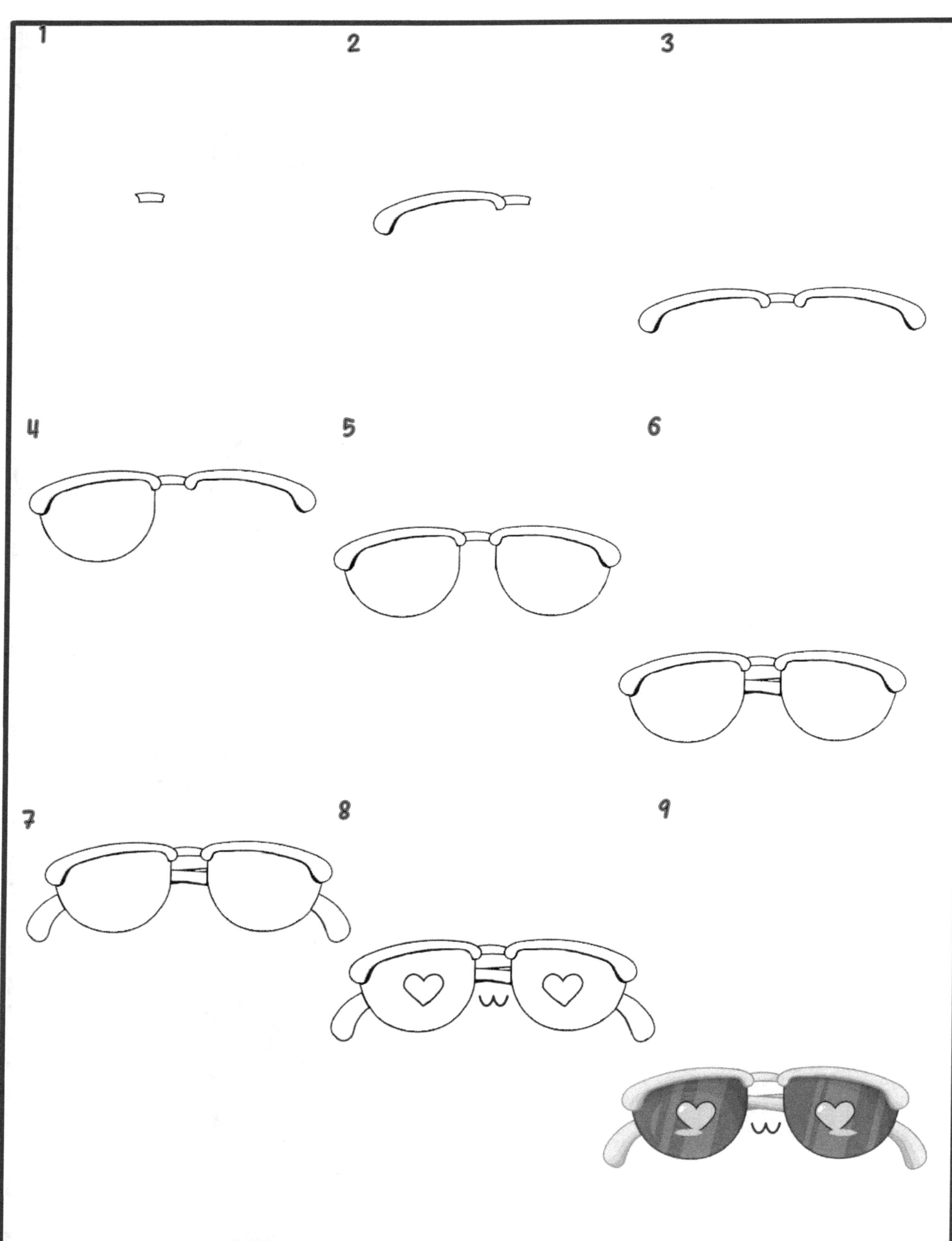

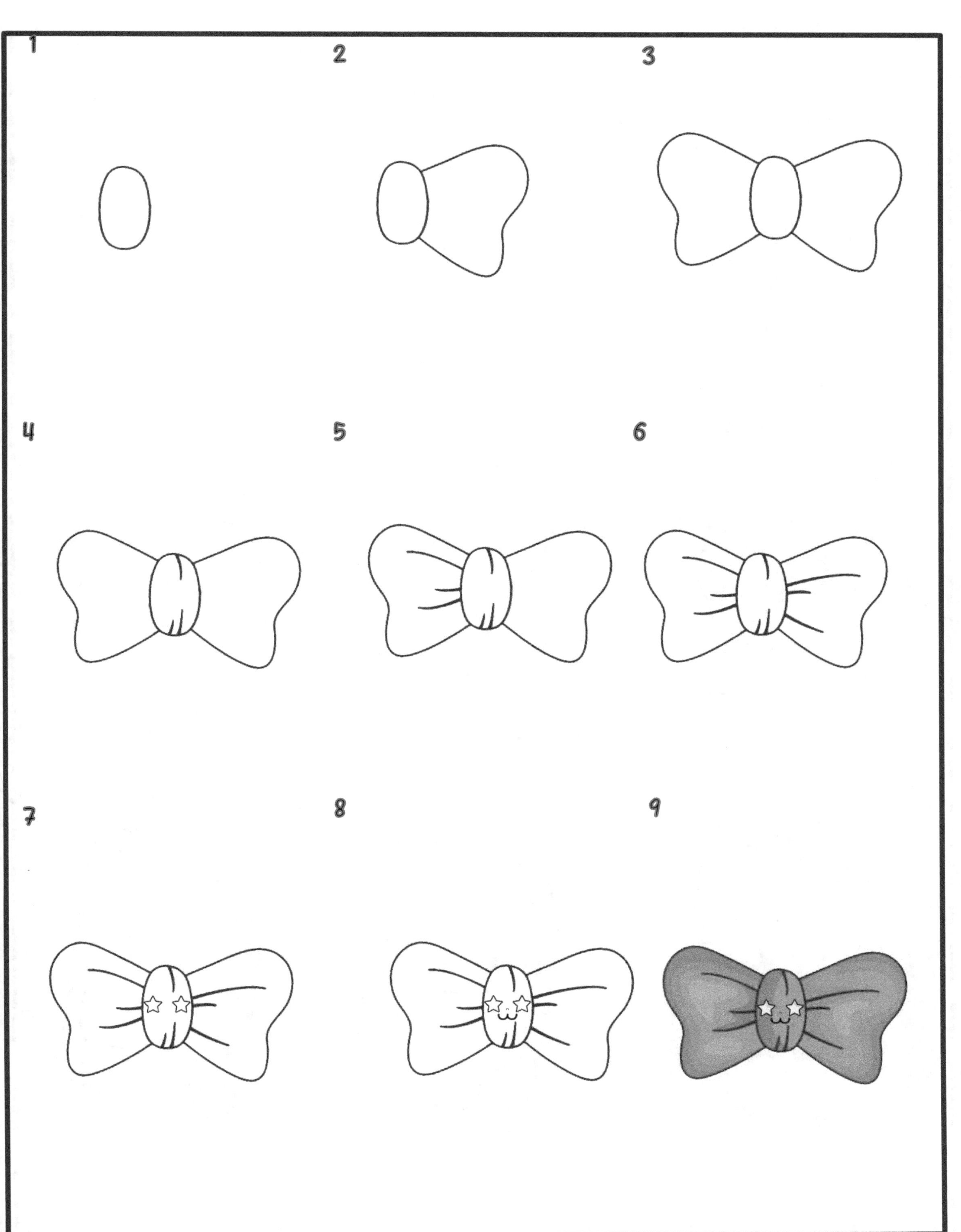

1
2
3
4
5
6
7
8
9

1
2
3
4
5
6
7
8
9

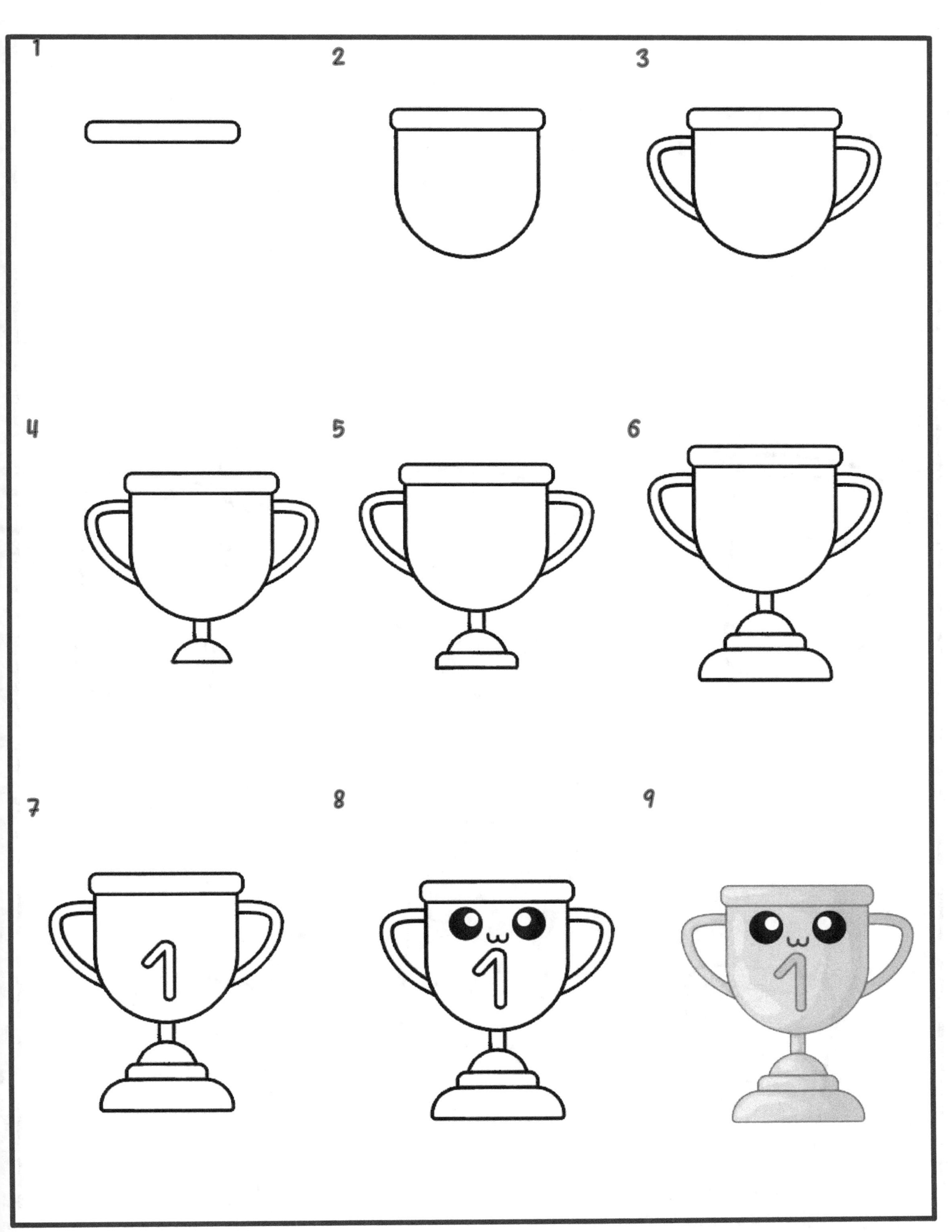

1
2
3
4
5
6
7
8
9

1
2
3
4
5
6
7
8
9

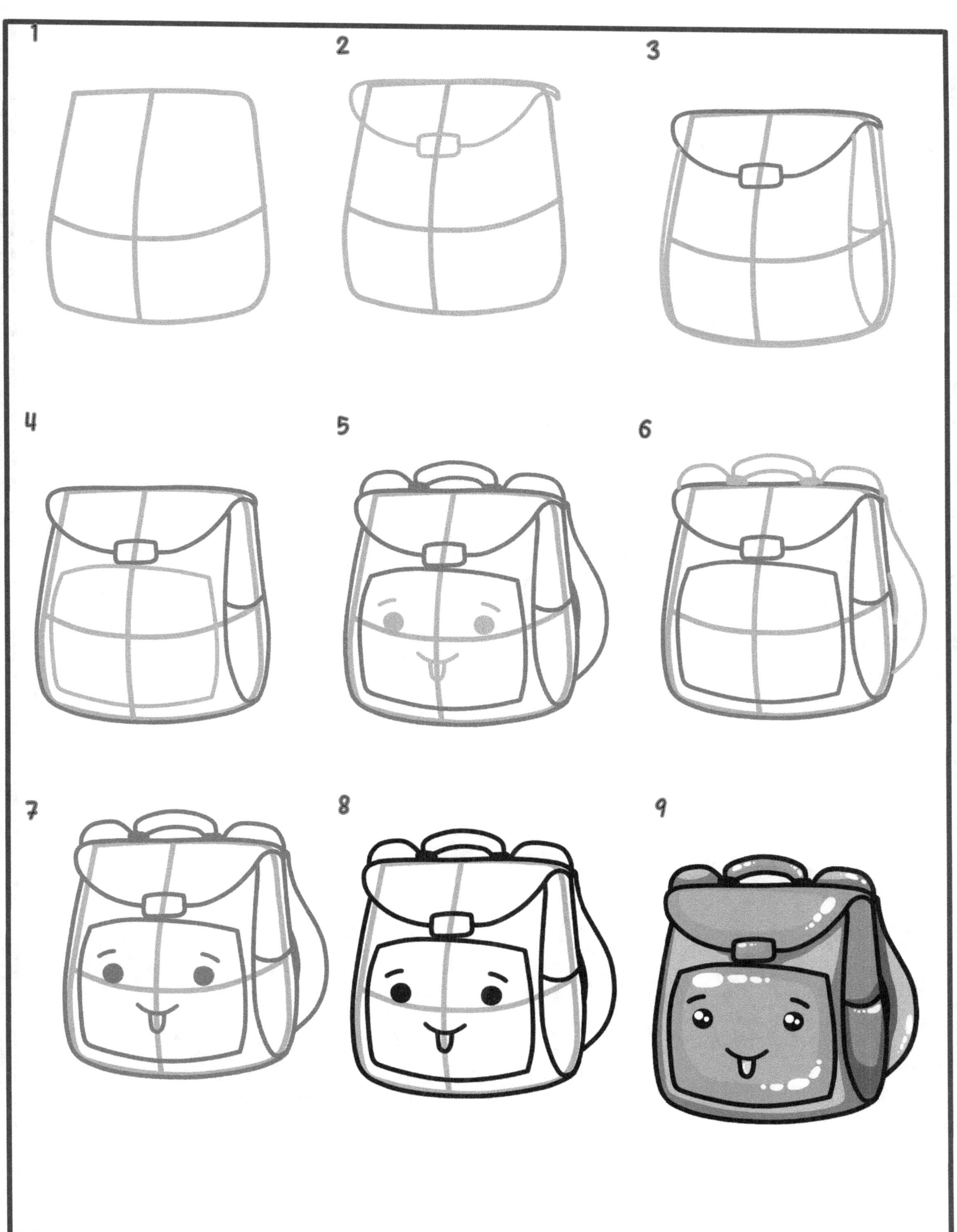

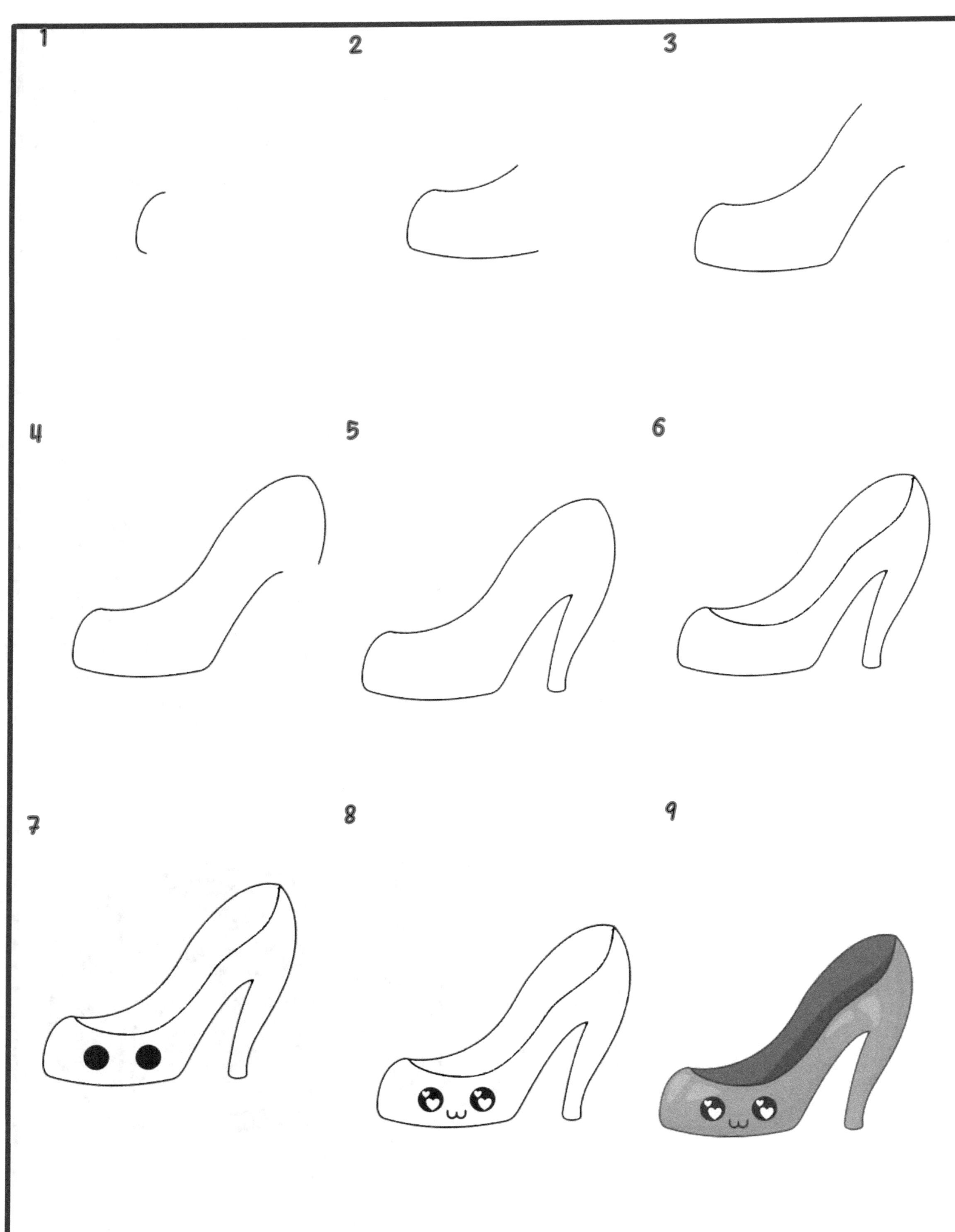

1
2
3
4
5
6
7
8
9

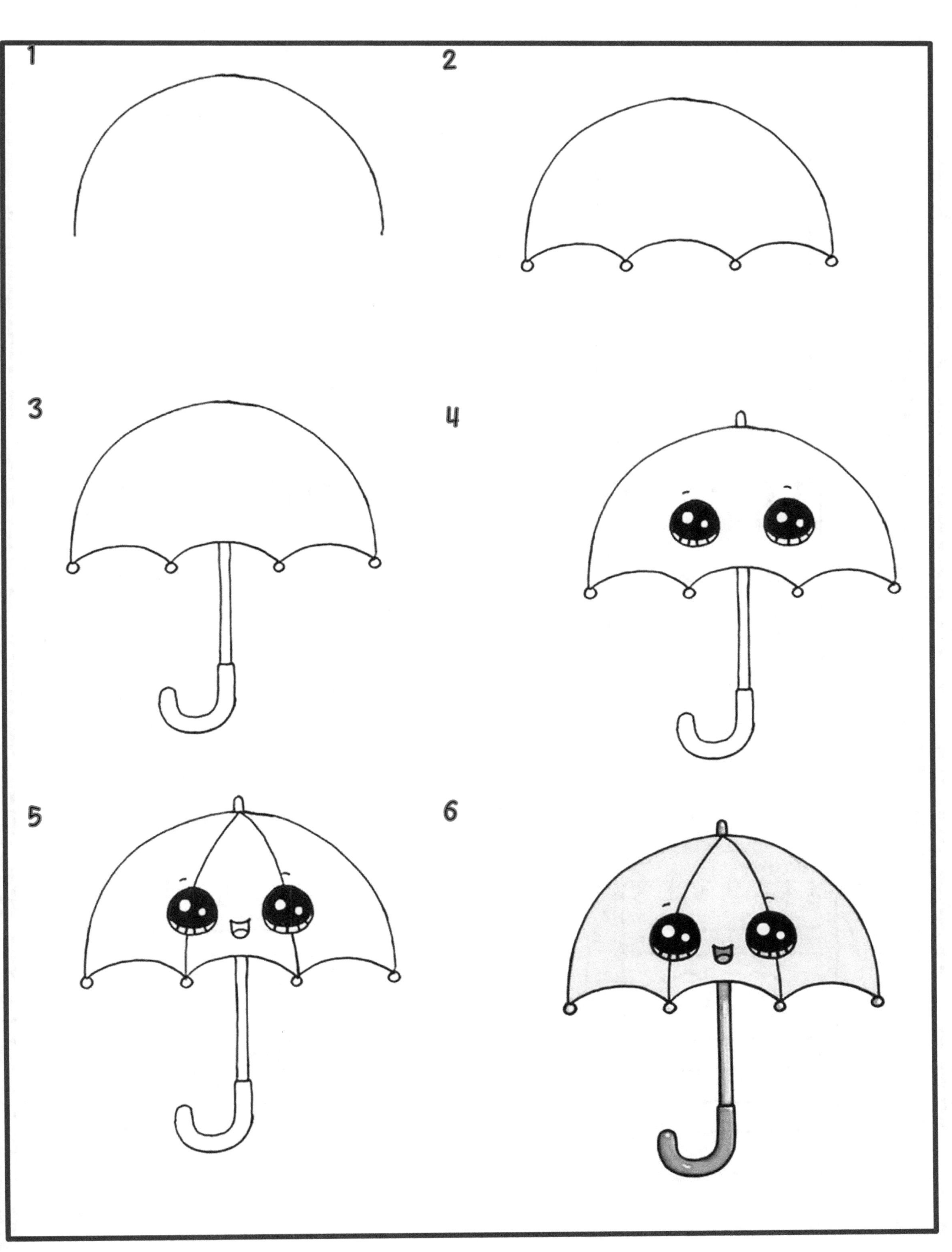1
2
3
4
5
6

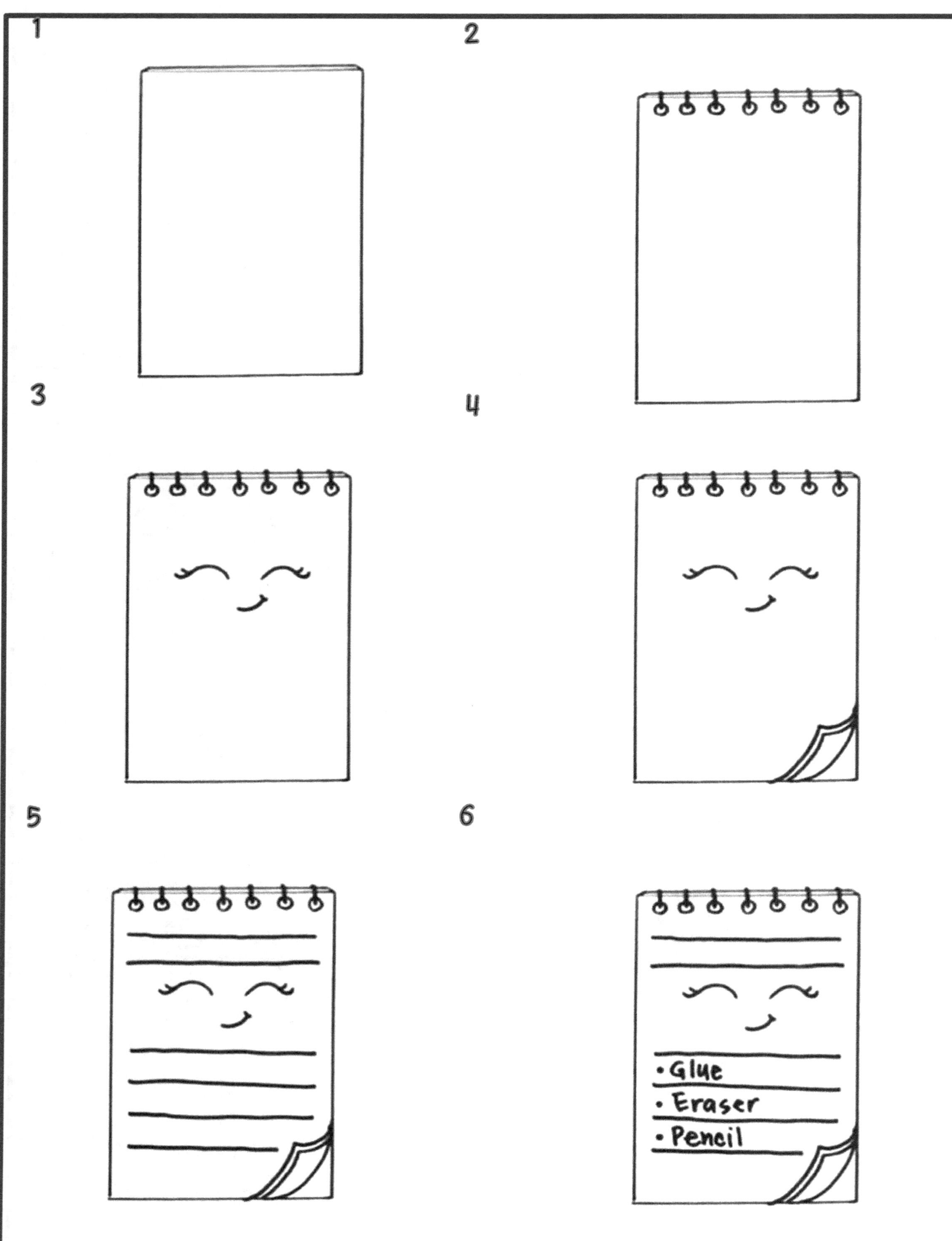

1
2
3
4
5
6
• Glue
• Eraser
• Pencil

1
2
3
4
5
6
7
8
9

1
2
3
4
5
6
7
8
9

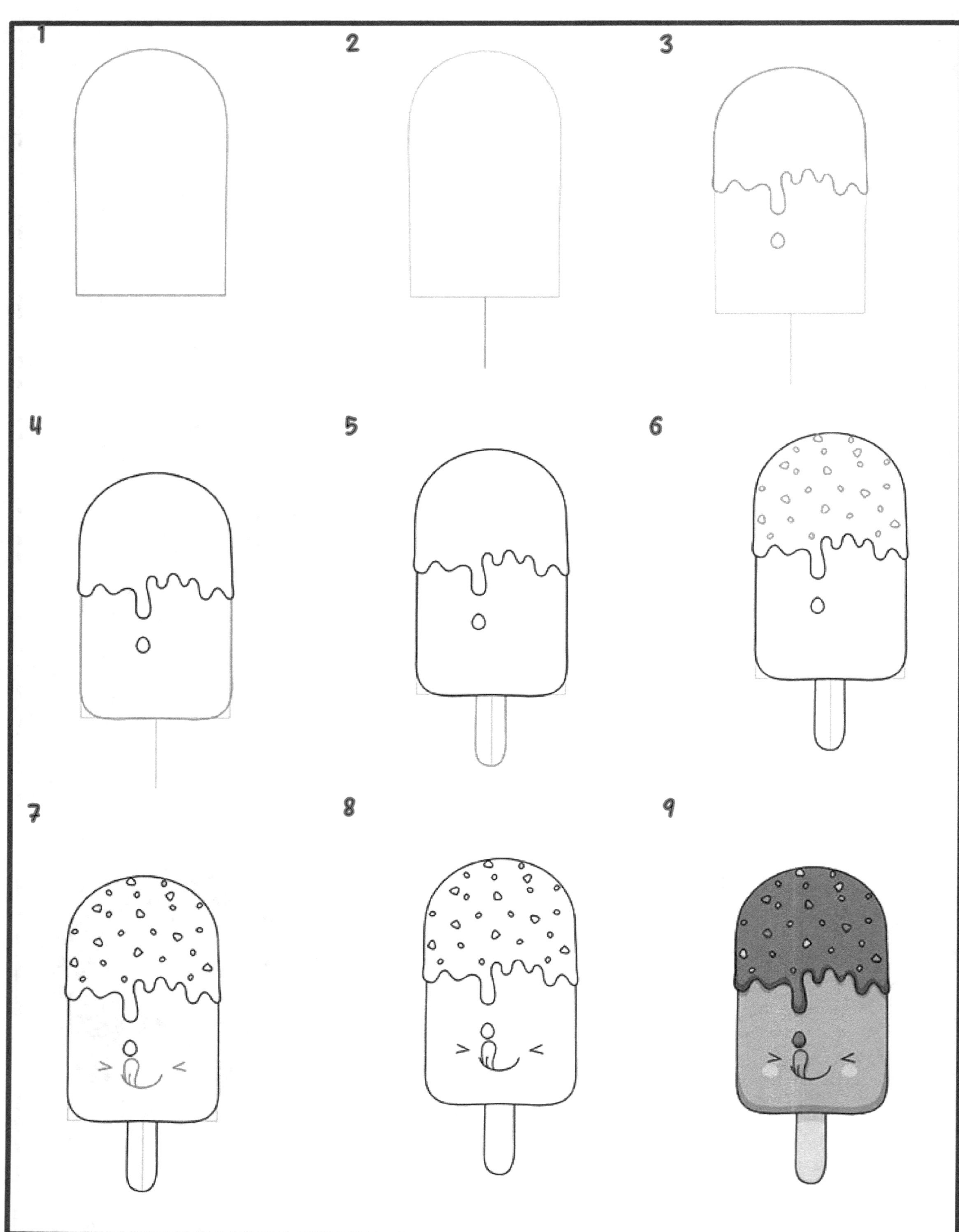

1
2
3
4
5
6
7
8
9

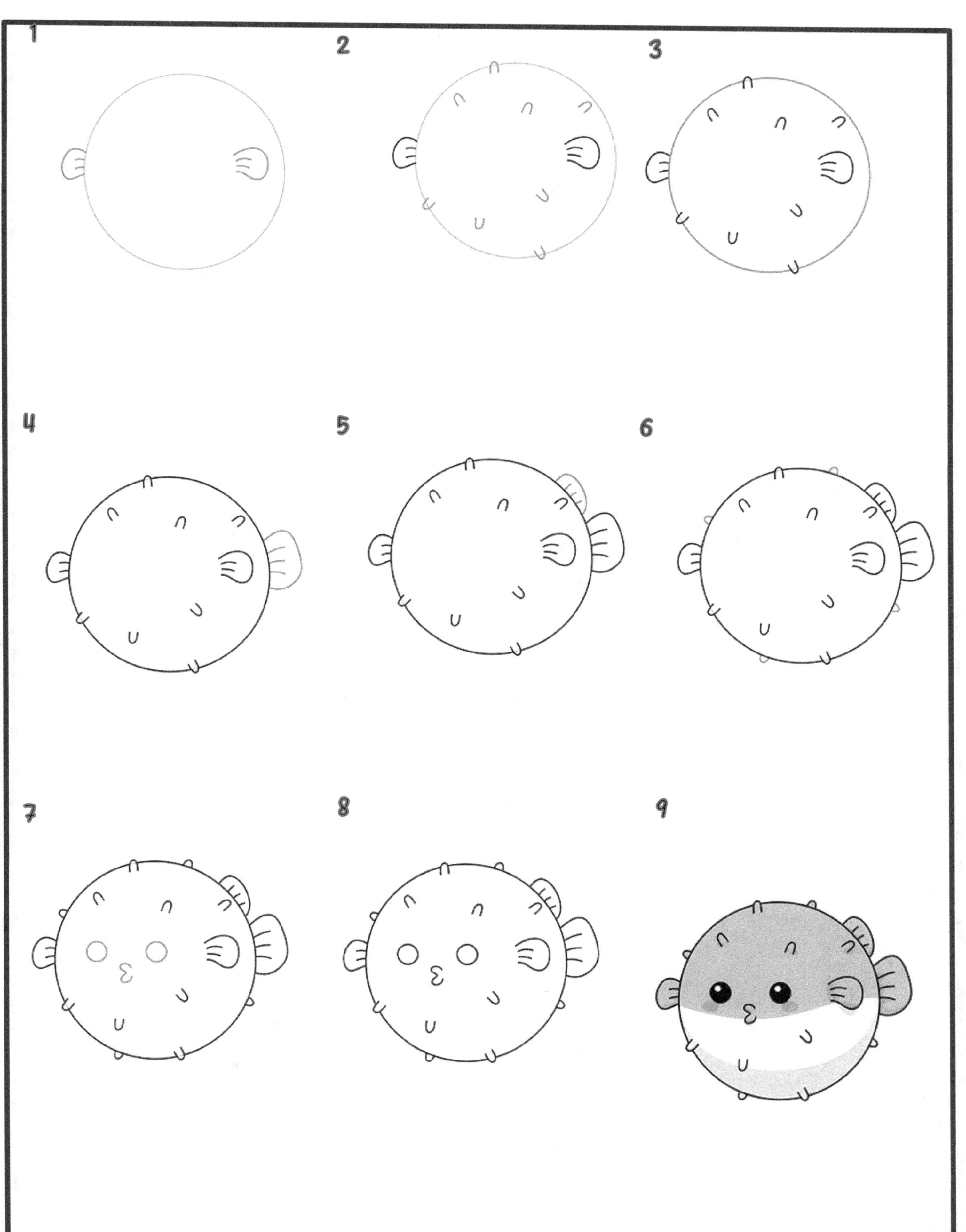

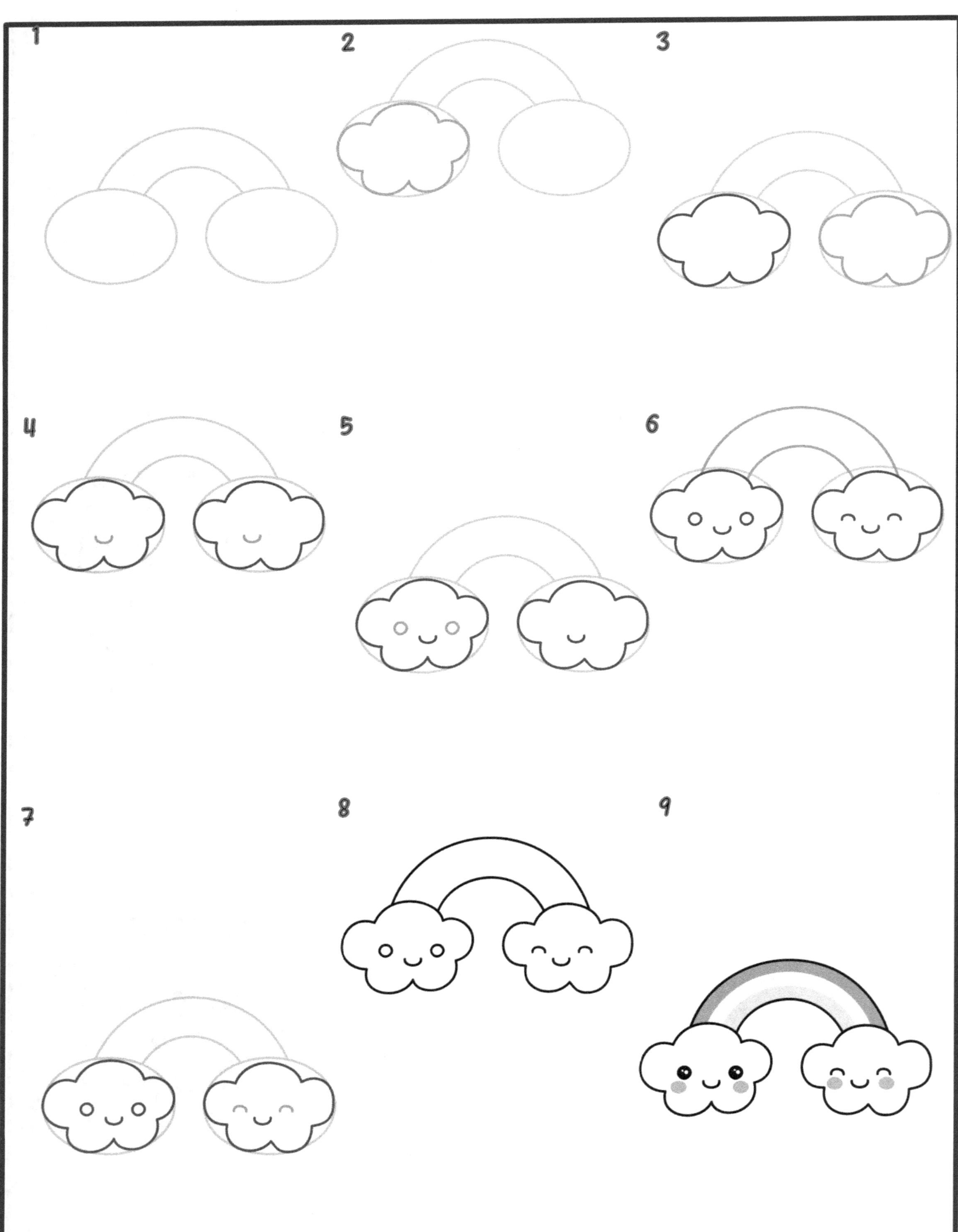

1
2
3
4
5
6
7
8
9

1
2
3
4
5
6
7
8
9

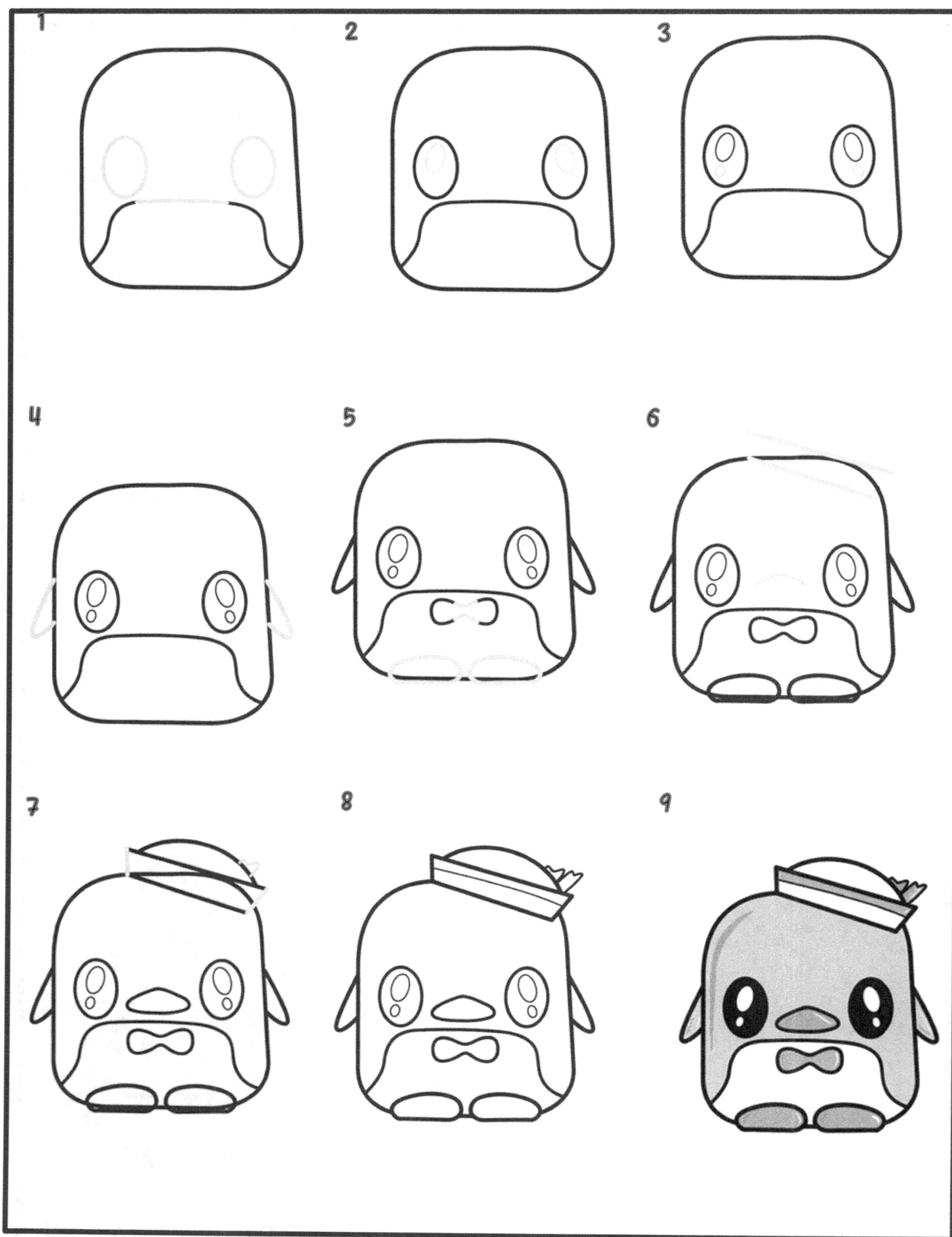

1
2
3
4
5
6
7
8
9

1
2
3
4
5
6
7
8
9
popcorn
popcorn
popcorn
popcorn

1
2
3
4
5
6
7
8

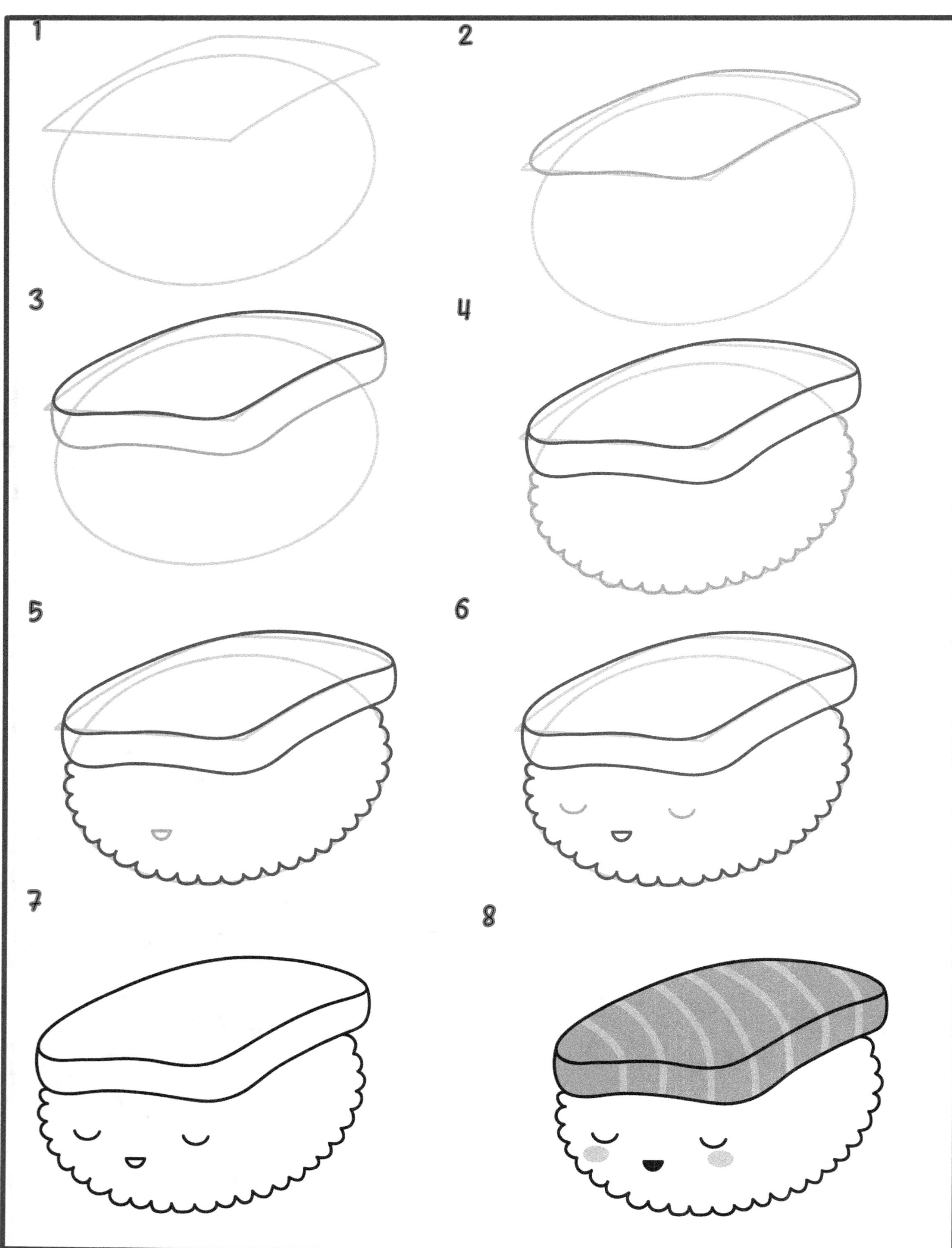

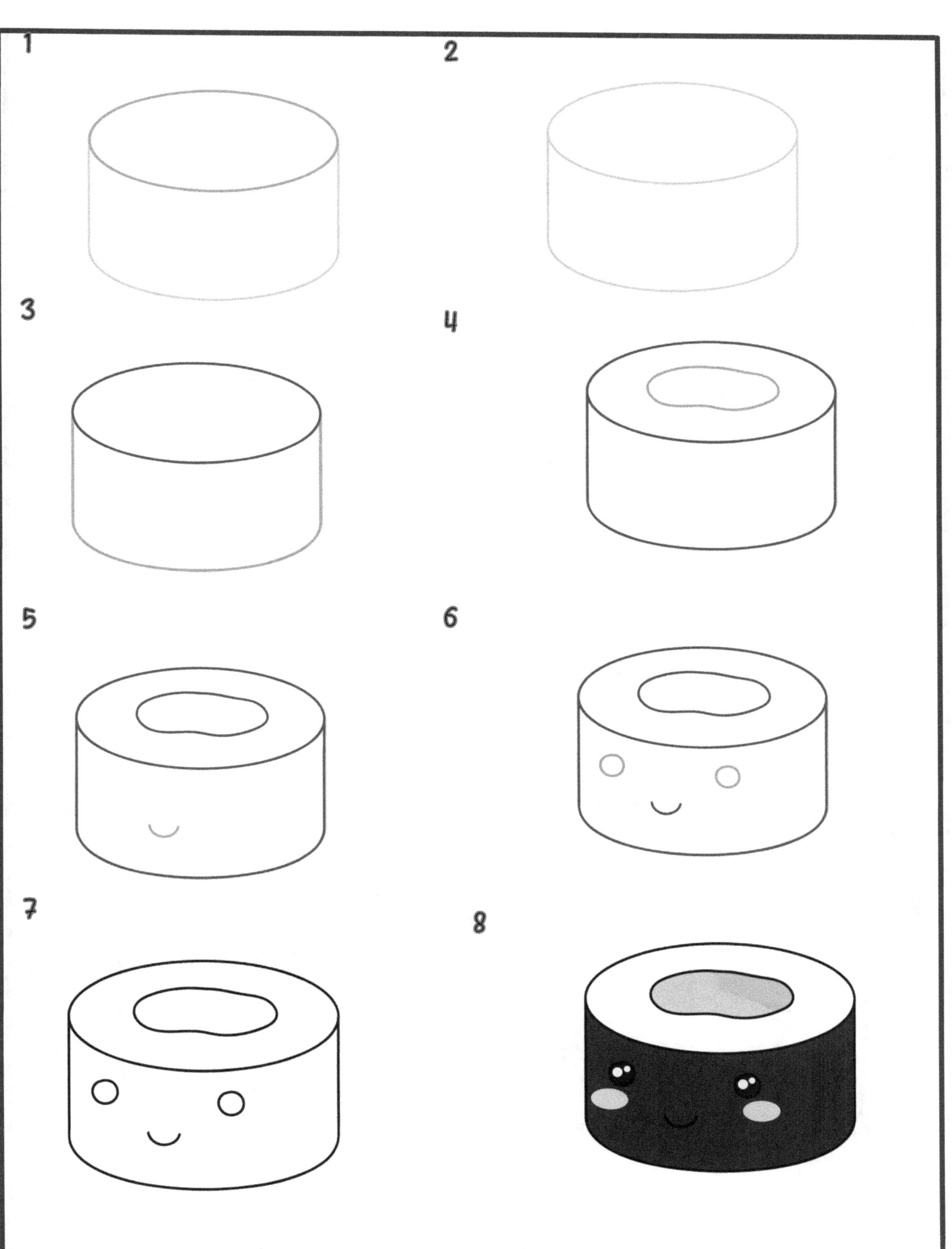

1
2
3
4
5
6
7
8

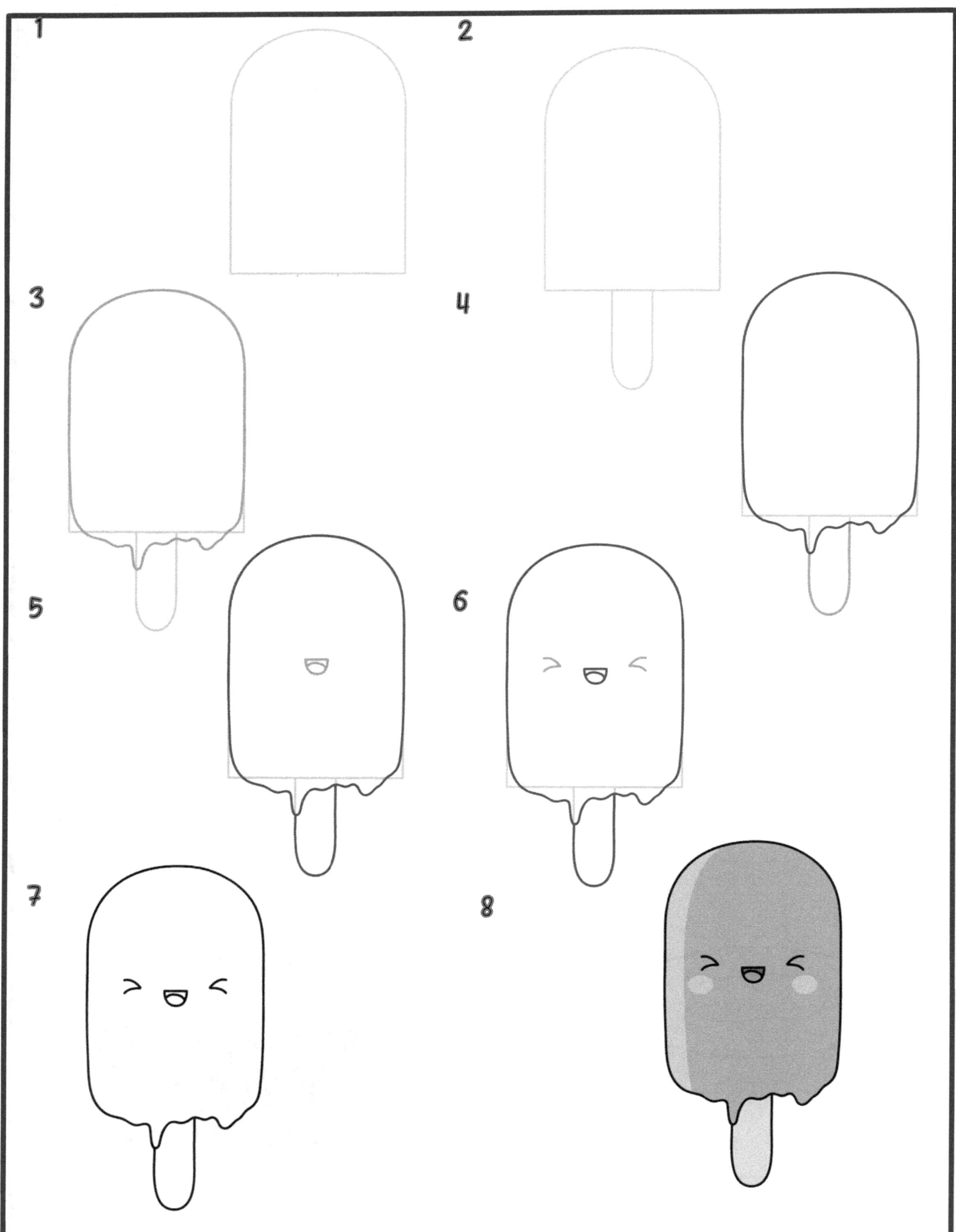

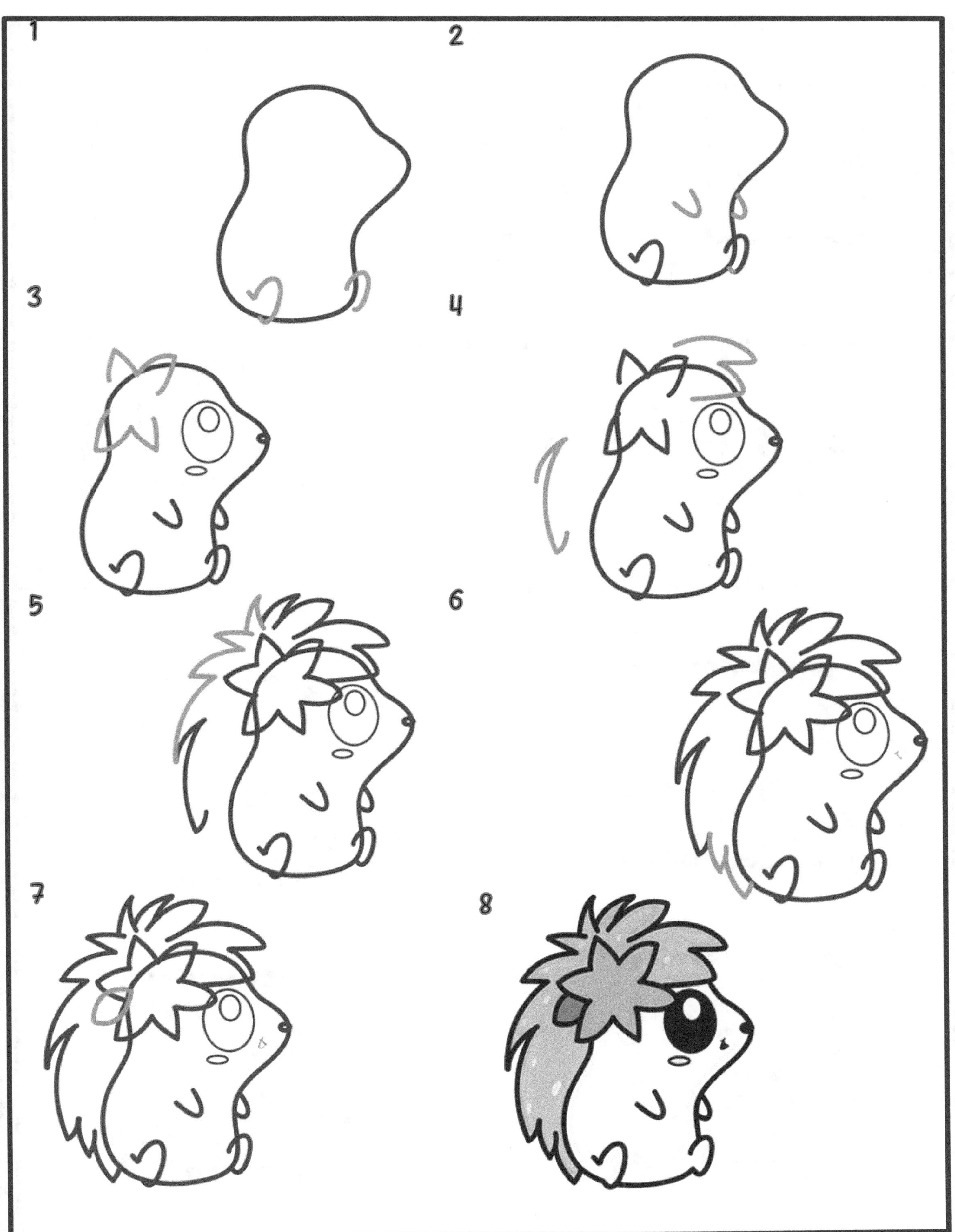

1
2
3
4
5
6
7
8

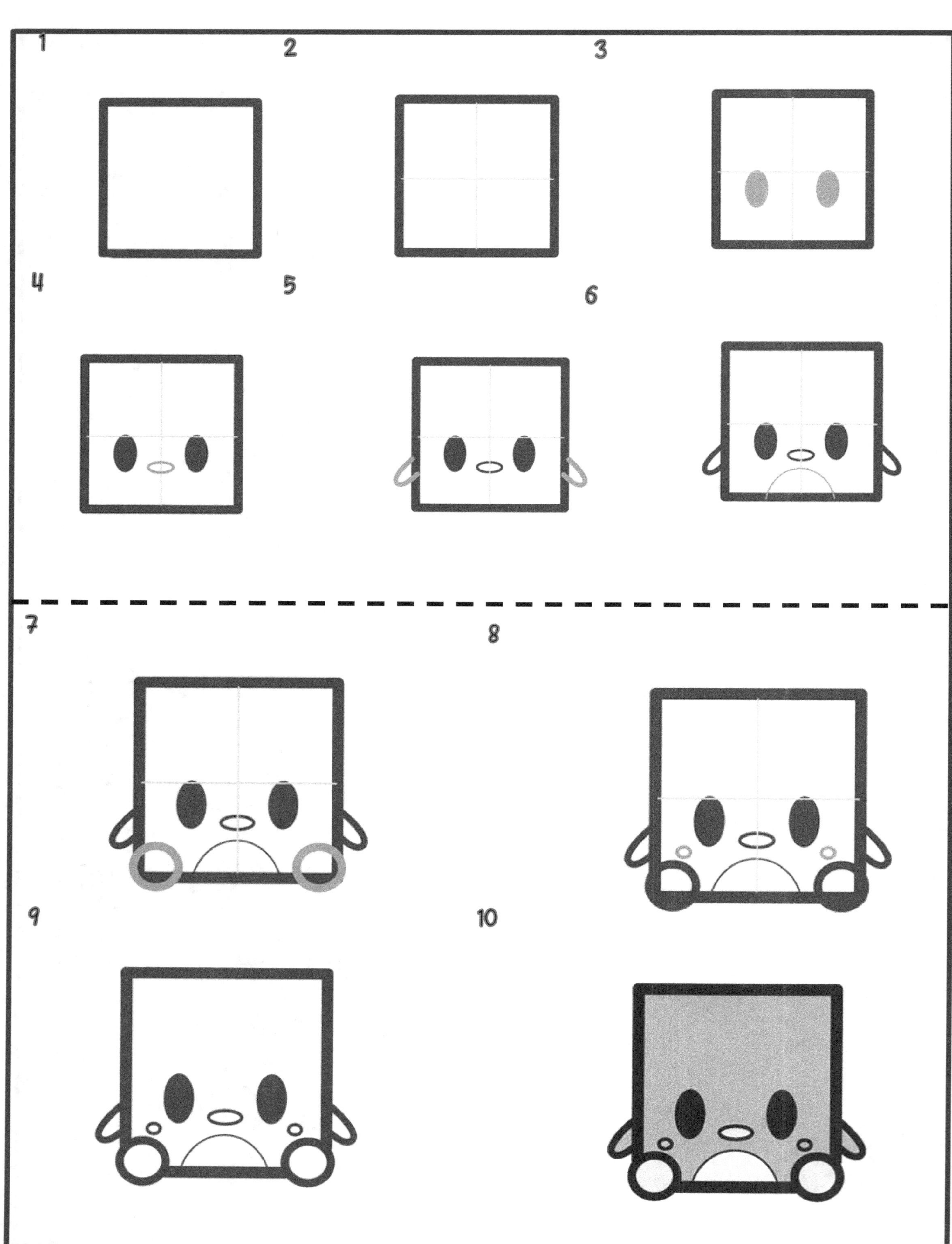

1
2
3
4
5
6
7
8
9
10

1
2
3
4
5
6
7
8
9
10

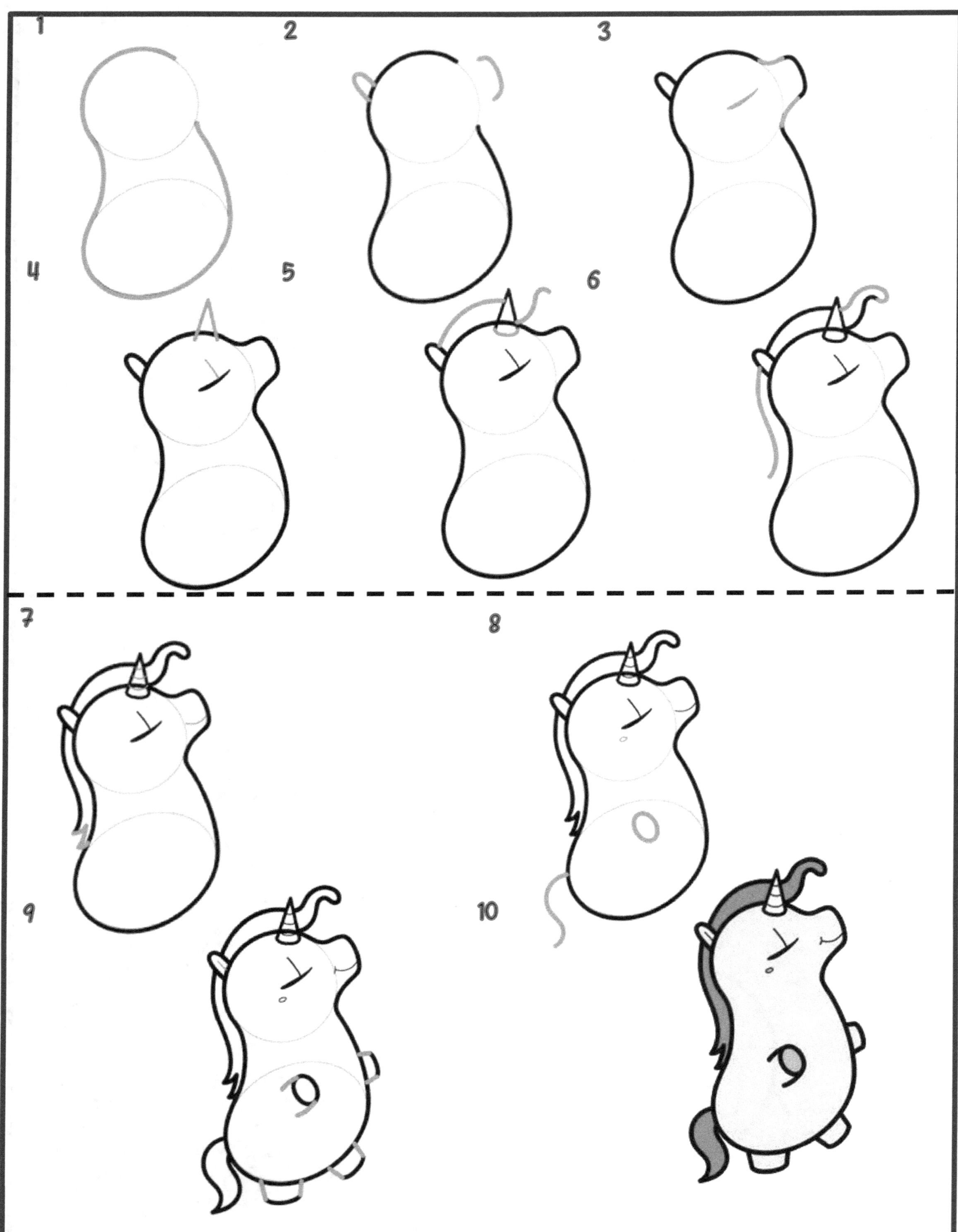

1
2
3
4
5
6
7
8
9
10

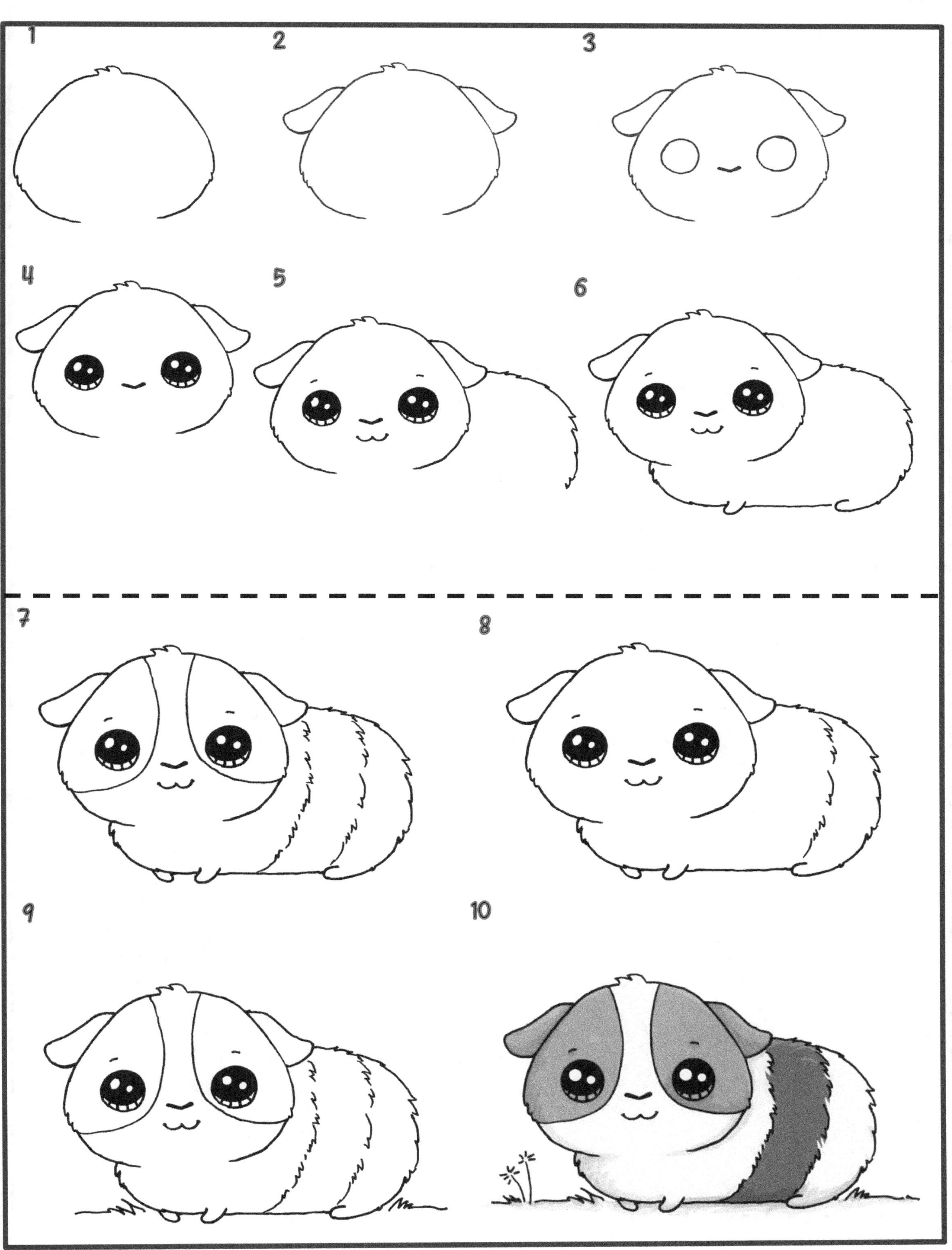
1
2
3
4
5
6
7
8
9
10

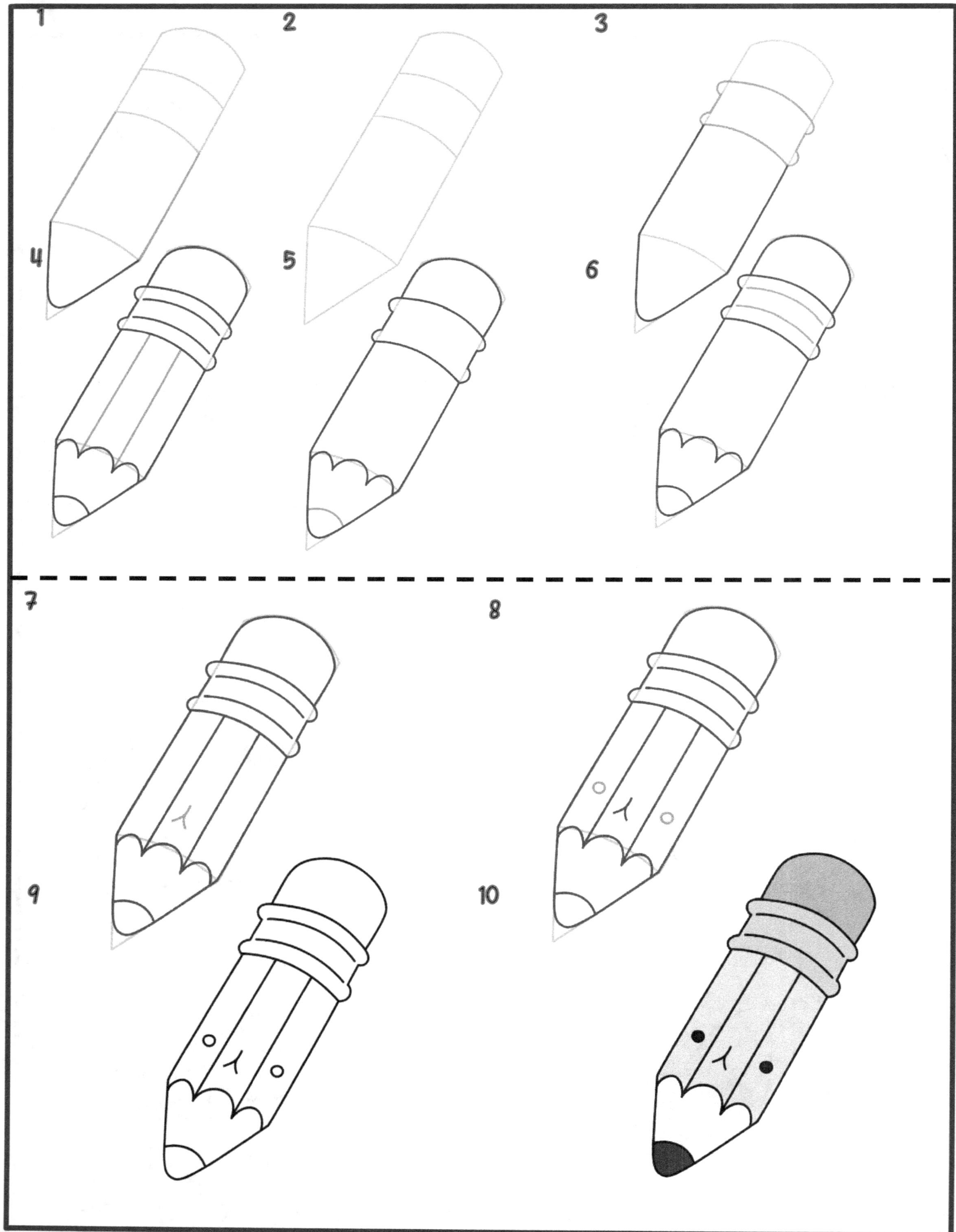

1
2
3
4
5
6
7
8
9
10

1
2
3
4
5
6
7
8
9
10

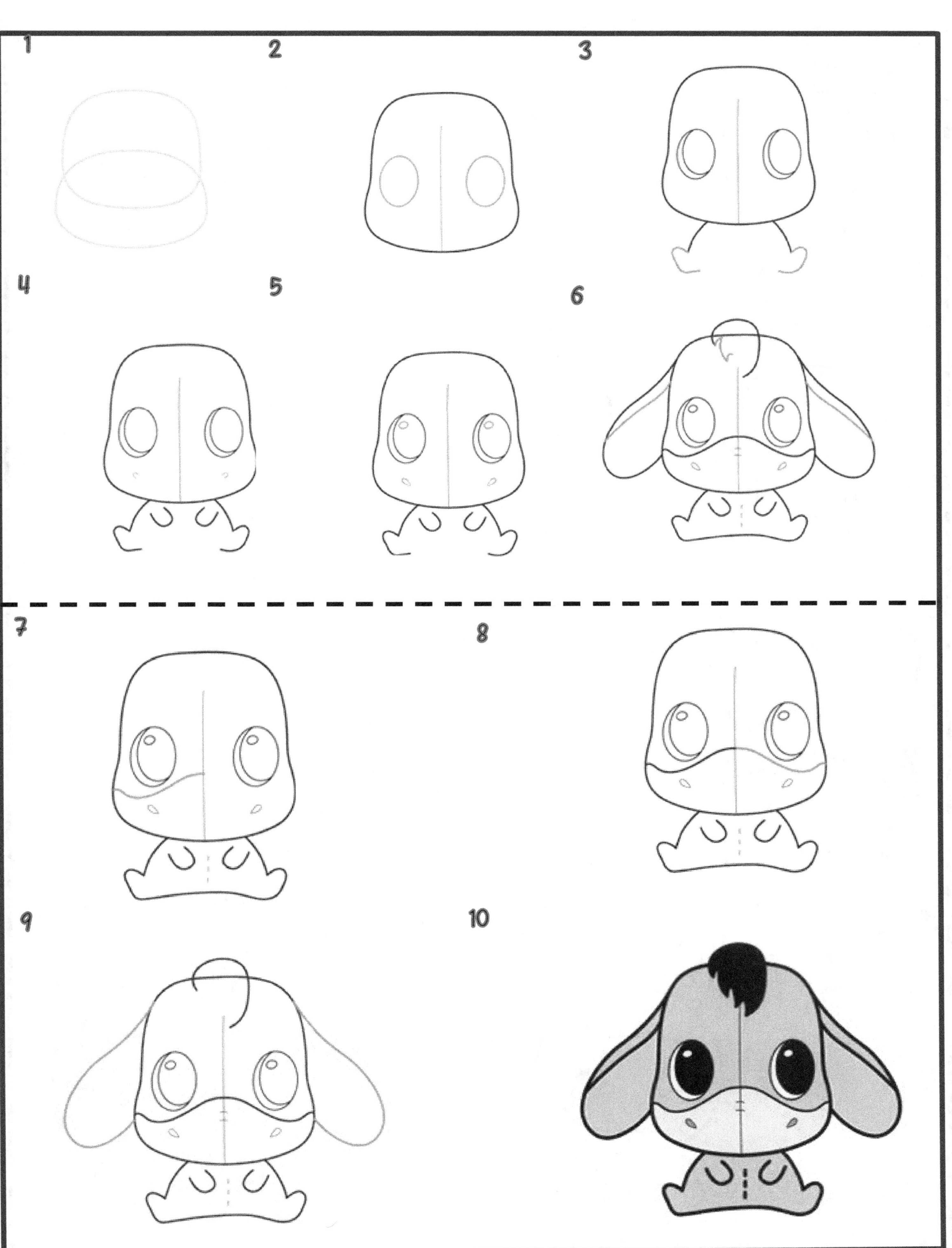

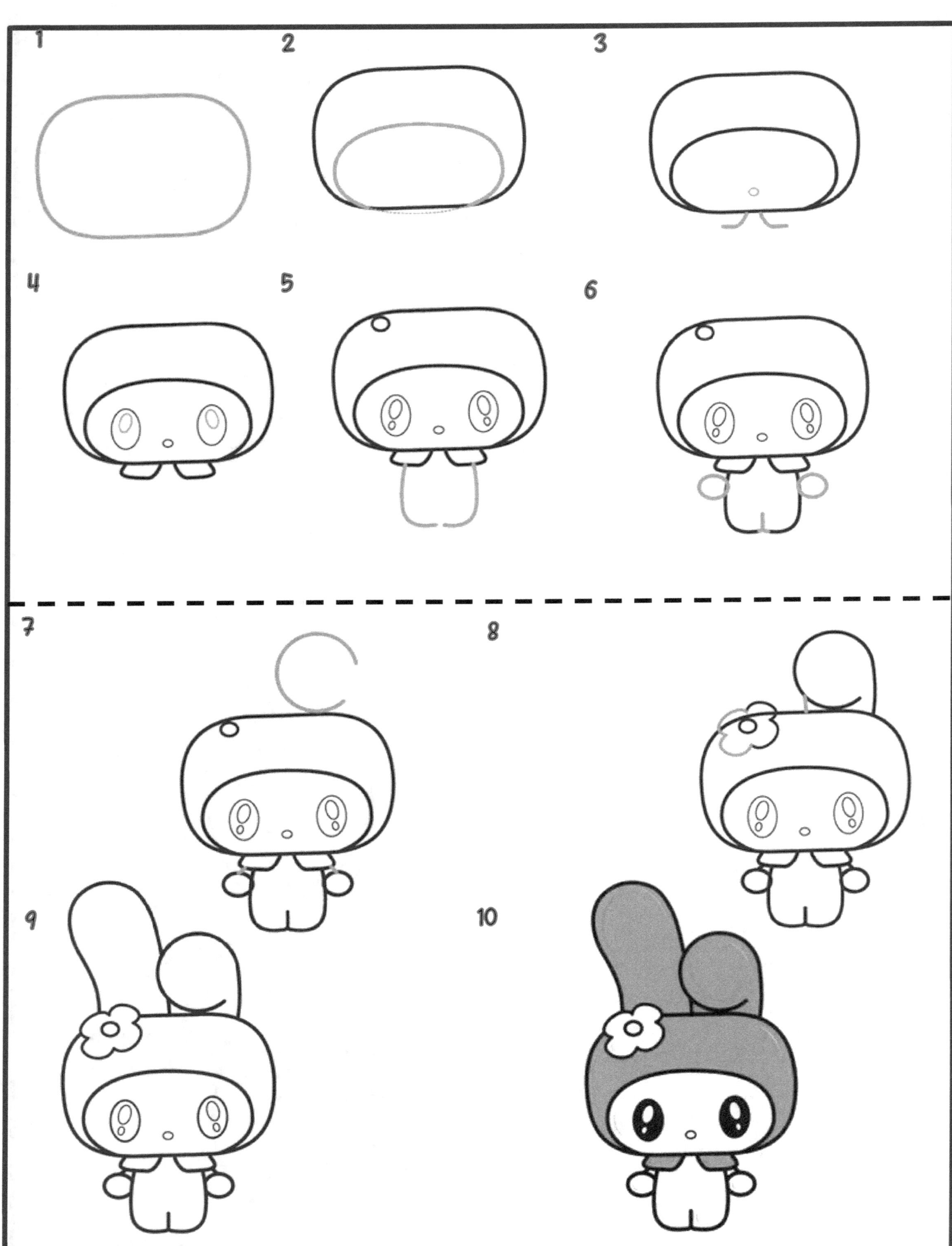

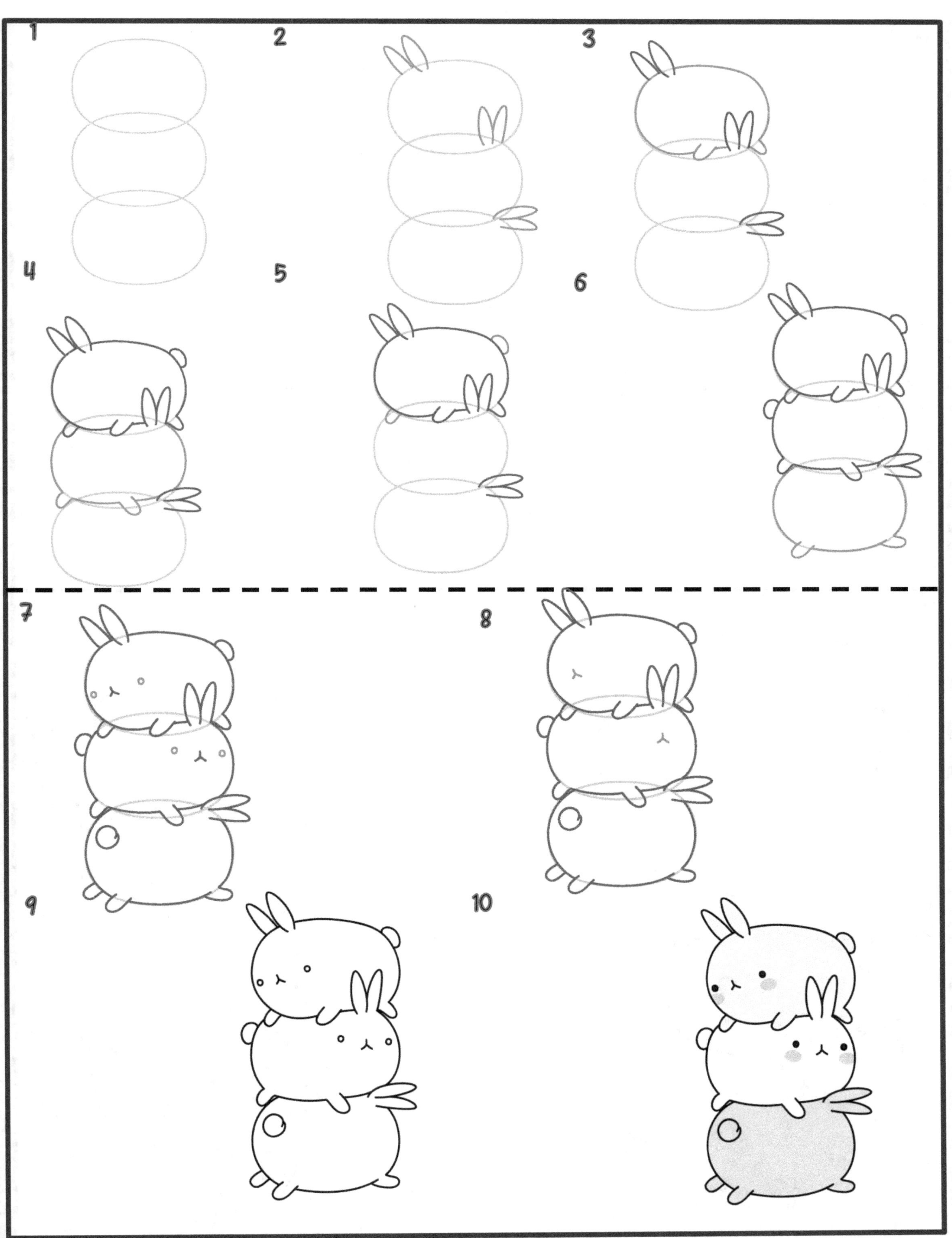

1
2
3
4
5
6
7
8
9
10

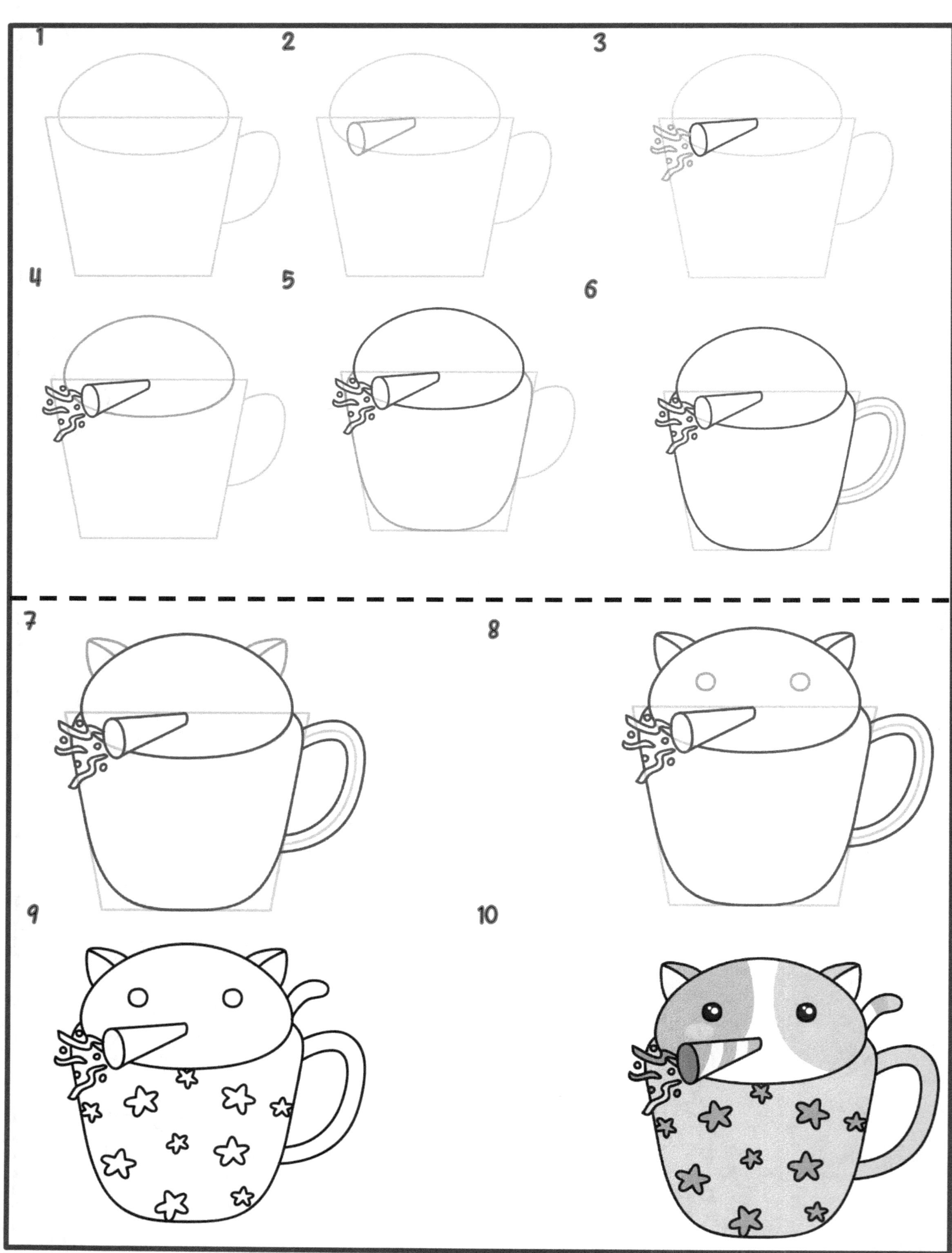

1
2
3
4
5
6
7
8
9
10
Sweet
Sweet

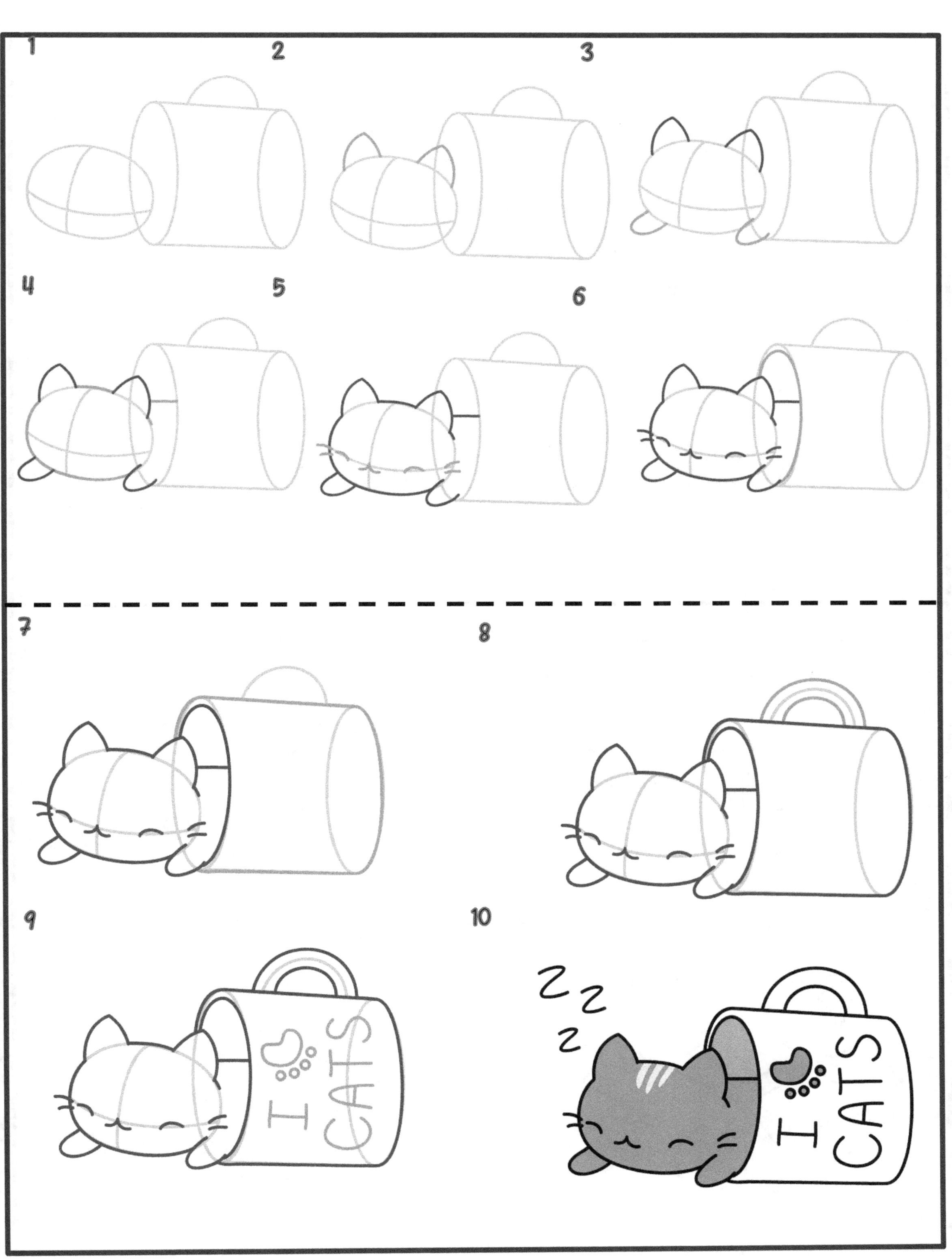

I CATS
I CATS

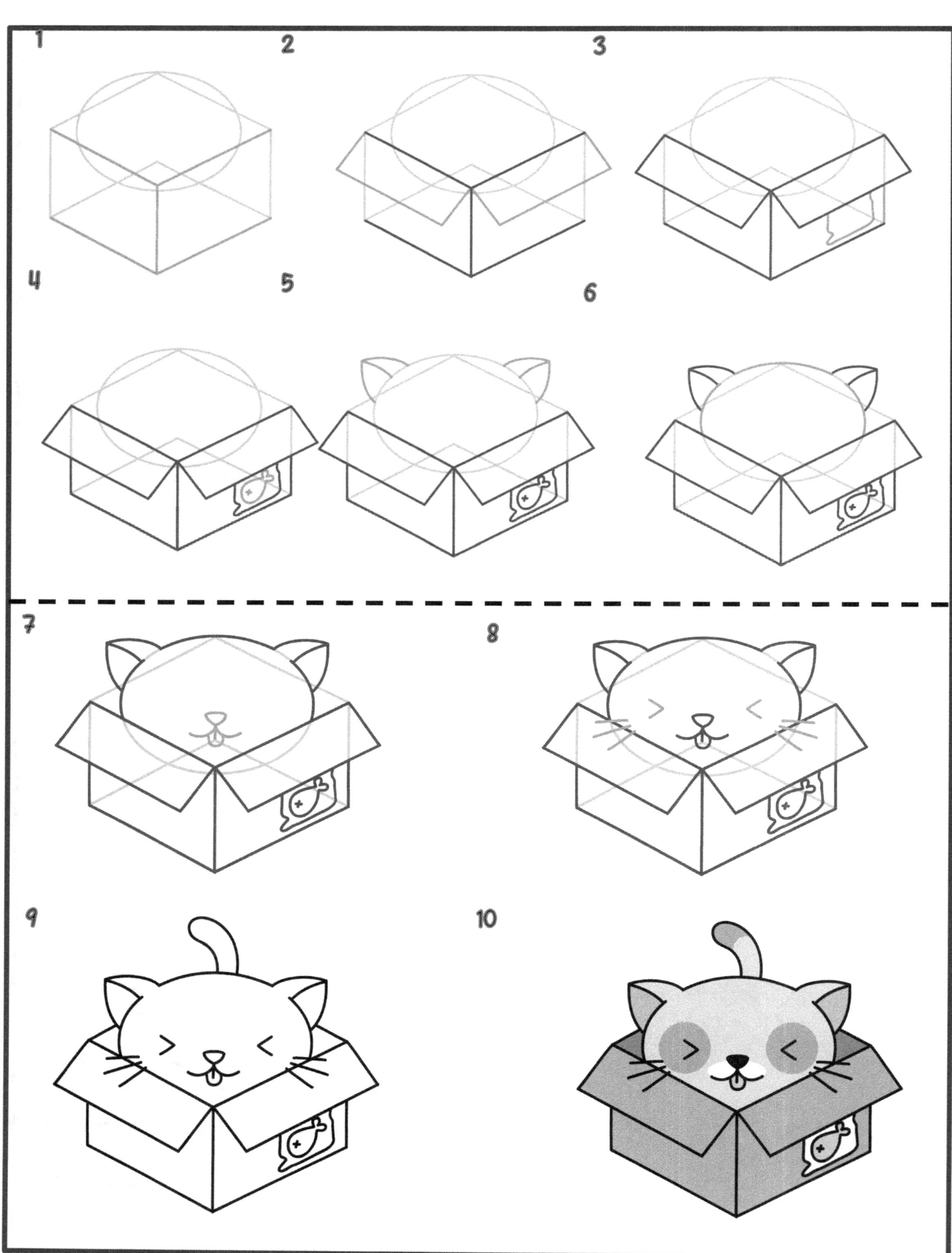

1
2
3
4
5
6
7
8
9
10

1
2
3
4
5
6

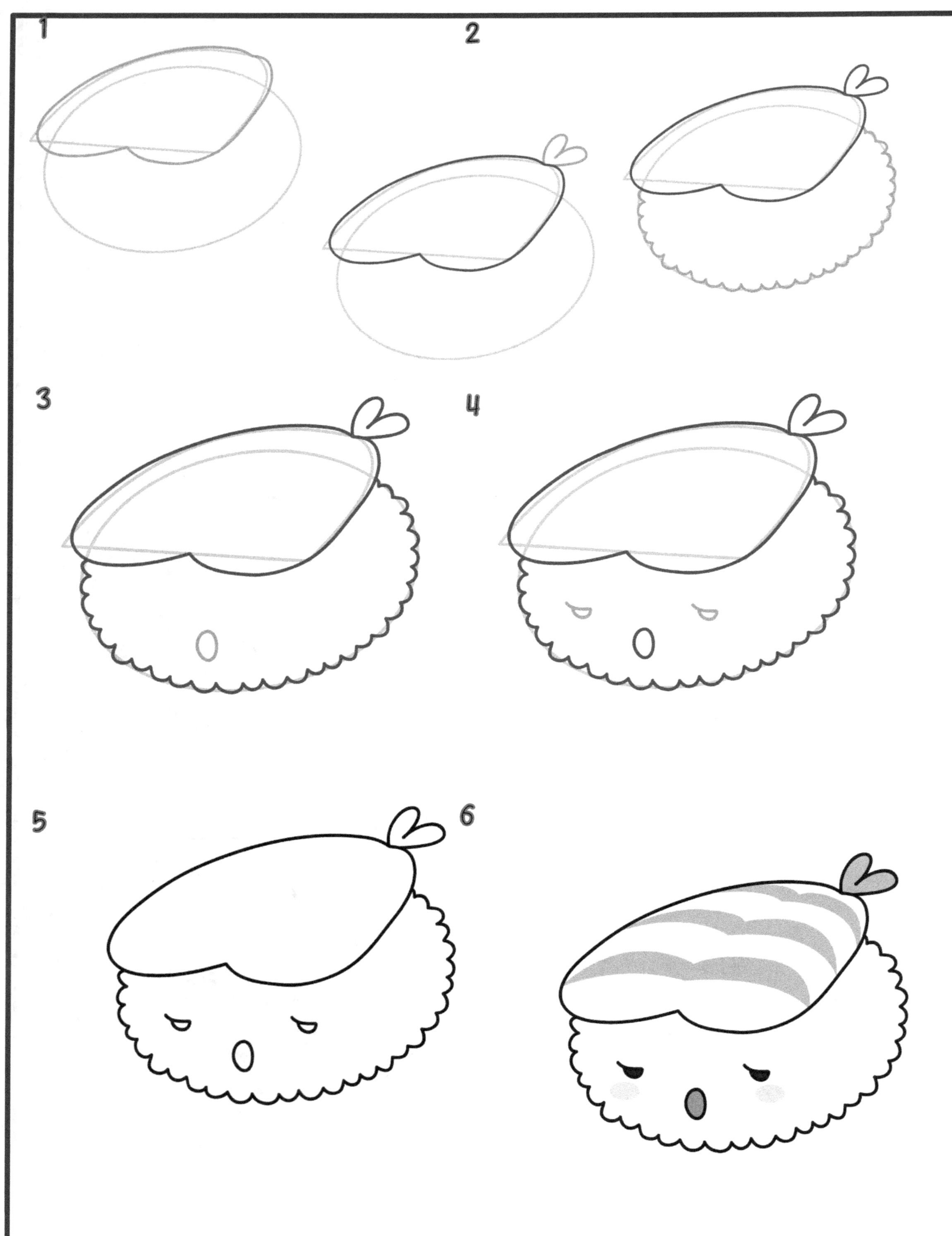

1
2
3
4
5
6

 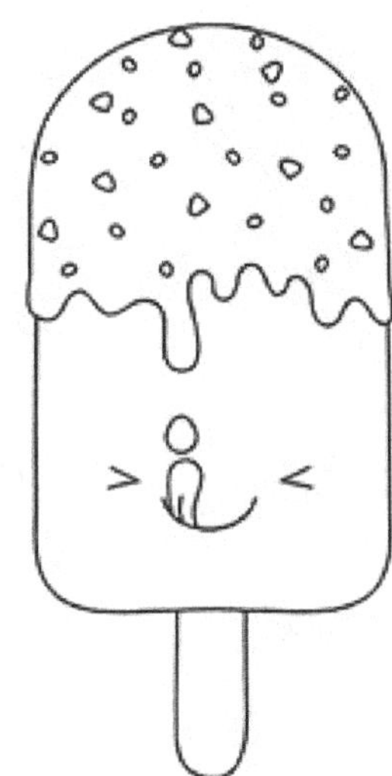

MERCI D'AVOIR CHOISI CE LIVRE. NOUS ESPÉRONS QUE VOUS AVEZ APPRÉCIÉ CHAQUE PAGE DE CE LIVRE ET QUE VOUS AVEZ APPRIS À DESSINER ÉTAPE PAR ÉTAPE ET À CRÉER VOTRE PROPRE ART.